シンプル！簡単！
すぐに弾ける 保育のうた 12か月

安藤真裕子・泉まりこ 編曲

ナツメ社

もくじ

曲名さくいん ……………… 4	この本に出てくる調と音階／反復記号の基本 …… 10
歌い出しさくいん …………… 6	コードネームについて ……………… 12
この本の特長と使い方 ………… 8	子どもと楽しく歌うコツ …………… 14

4月

チューリップ ……………… 16	ともだち讃歌（さんか） ……… 22
蝶々 ……………………… 17	朝のうた ………………… 24
おはながわらった ………… 18	春の小川 ………………… 25
せんせいとお友だち ……… 19	どこかで春が ……………… 26
ぶんぶんぶん …………… 20	
あなたのおなまえは ……… 21	

5月

こいのぼり ……………… 28	おべんとうばこのうた …… 35
しゃぼんだま …………… 29	あ・い・う・え・おにぎり … 36
さんぽ …………………… 30	カエデの木のうた ………… 39
バスごっこ ……………… 32	茶摘 ……………………… 42
めだかの学校 …………… 33	くつが鳴る ……………… 44
おべんとう ……………… 34	

6月

かえるの合唱 …………… 45	にじ ……………………… 54
かたつむり ……………… 46	ほたるこい ……………… 56
雨ふり …………………… 47	にじのむこうに ………… 57
大きな古時計 …………… 48	
あめふりくまのこ ……… 50	
すうじの歌 ……………… 52	
とけいのうた …………… 53	

7月

たなばたさま …………… 60	ぼくのミックスジュース … 68
金魚の昼寝 ……………… 61	チェッチェッコリ ………… 70
とんでったバナナ ……… 62	
きらきらぼし …………… 64	
かもめの水兵さん ……… 65	
手のひらを太陽に ……… 66	

8月

海 ………………………… 71	我は海の子 ……………… 80
トマト …………………… 72	ホ！ホ！ホ！ …………… 82
すいかの名産地 ………… 73	くじらのとけい ………… 84
南の島のハメハメハ大王 … 74	
キャンプだホイ ………… 76	
オバケなんてないさ …… 78	

9月

赤とんぼ ………………… 86	つき ……………………… 92
村祭 ……………………… 87	山の音楽家 ……………… 93
七つの子 ………………… 88	十五夜お月さん ………… 94
虫のこえ ………………… 89	パレード ………………… 96
うさぎ …………………… 90	
兎のダンス ……………… 91	

10月

どんぐりころころ ……… 98	大きな栗の木の下で …… 109
紅葉（もみじ） ………… 99	よーい・どん！ ………… 110
まっかな秋 ……………… 100	
線路は続くよどこまでも … 102	
きのこ …………………… 104	
おてらのおしょうさん … 106	
松ぼっくり ……………… 108	

11月

たき火 …………………… 113	しょうじょう寺のたぬきばやし … 120
やきいもグーチーパー … 114	シンデレラのスープ …… 122
小ぎつね ………………… 116	赤鬼と青鬼のタンゴ …… 124
いとまきのうた ………… 117	
とおりゃんせ …………… 118	
夕日 ……………………… 119	

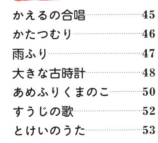

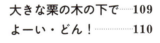

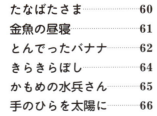
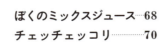

12月

- おもちゃのマーチ ……127
- あわてん坊のサンタクロース ……128
- ジングルベル ……130
- 赤鼻のトナカイ ……132
- おもちゃのチャチャチャ ……134
- うさぎ野原のクリスマス ……136
- ひいらぎかざろう ……138
- きよしこの夜 ……140
- お正月 ……141

1月

- 一月一日 ……142
- 富士山 ……143
- 故郷（ふるさと）……144
- 北風小僧の寒太郎 ……146
- たこのうた ……148
- やぎさんゆうびん ……149
- カレンダーマーチ ……150

2月

- 雪 ……151
- 豆まき ……152
- こんこんクシャンのうた ……153
- ゆきのぺんきやさん ……154
- おにのパンツ ……155
- ゆげのあさ ……158
- 春よ来い ……159
- おおさむこさむ ……160

3月

- 春が来た ……161
- ありがとうの花 ……162
- 春がきたんだ ……164
- うれしいひなまつり ……166
- 世界中のこどもたちが ……167
- Believe（ビリーブ）……170
- さよならぼくたちのほいくえん（ようちえん）……173
- ドキドキドン！一年生 ……176
- 一年生になったら ……178
- 思い出のアルバム ……180
- ひらいたひらいた ……182

人気・定番曲

- あくしゅでこんにちは ……183
- ふしぎなポケット ……184
- おつかいありさん ……185
- たのしいね ……186
- アイ・アイ ……188
- げんこつやまのたぬきさん ……190
- おかえりのうた ……192
- ぞうさん ……193
- ハッピー・バースデー・トゥ・ユー ……194
- むすんでひらいて ……196
- 小鳥のうた ……197
- とんとんとんとんひげじいさん ……198
- パンダうさぎコアラ ……200
- おててをあらいましょう ……202
- はをみがきましょう ……203
- アブラハムの子 ……204
- 犬のおまわりさん ……206
- おかたづけ ……208
- コブタヌキツネコ ……209
- 小さな世界 ……210
- 手をたたきましょう ……212
- そうだったらいいのにな ……214
- 一週間 ……215
- クラリネットをこわしちゃった ……216
- ゆりかごのうた ……219
- グーチョキパーでなにつくろう ……220
- 鳩 ……222
- 赤い鳥小鳥 ……223
- 勇気100% ……224
- あぶくたった ……227
- 世界に一つだけの花 ……228
- 勇気りんりん ……233
- 花は咲く ……236
- 桃太郎 ……239
- ずいずいずっころばし ……240
- アルプス一万尺 ……242
- どんないろがすき ……244
- たいせつなたからもの ……246
- うさぎとかめ ……248
- ごんべさんのあかちゃん ……249
- 浦島太郎 ……250
- あがりめさがりめ ……252
- おはなしゆびさん ……253
- 森のくまさん ……254

曲名さくいん

あ

アイ・アイ	188
あ・い・う・え・おにぎり	36
赤い鳥小鳥	223
赤鬼と青鬼のタンゴ	124
赤とんぼ	86
赤鼻のトナカイ	132
あがりめさがりめ	252
あくしゅでこんにちは	183
朝のうた	24
あなたのおなまえは	21
あぶくたった	227
アブラハムの子	204
雨ふり	47
あめふりくまのこ	50
ありがとうの花	162
アルプス一万尺	242
あわてん坊のサンタクロース	128

い

一月一日	142
一年生になったら	178
一週間	215
いとまきのうた	117
犬のおまわりさん	206

う

うさぎ	90
うさぎとかめ	248
兎のダンス	91
うさぎ野原のクリスマス	136
海	71
浦島太郎	250
うれしいひなまつり	166

お

大きな栗の木の下で	109
大きな古時計	48
おおさむこさむ	160
おかえりのうた	192
おかたづけ	208
お正月	141
おつかいありさん	185
おててをあらいましょう	202
おてらのおしょうさん	106
おにのパンツ	155
オバケなんてないさ	78
おはながわらった	18
おはなしゆびさん	253
おべんとう	34
おべんとうばこのうた	35
思い出のアルバム	180
おもちゃのチャチャチャ	134
おもちゃのマーチ	127

か

カエデの木のうた	39
かえるの合唱	45
かたつむり	46
かもめの水兵さん	65
カレンダーマーチ	150

き

北風小僧の寒太郎	146
きのこ	104
キャンプだホイ	76
きよしこの夜	140
きらきらぼし	64
金魚の昼寝	61

く

グーチョキパーでなにつくろう	220
くじらのとけい	84
くつが鳴る	44
クラリネットをこわしちゃった	216

け

げんこつやまのたぬきさん	190

こ

こいのぼり	28
小ぎつね	116
小鳥のうた	197
コブタヌキツネコ	209
こんこんクシャンのうた	153
ごんべさんのあかちゃん	249

さ

さよならぼくたちのほいくえん（ようちえん）	173
さんぽ	30

し

しゃぼんだま	29
十五夜お月さん	94
しょうじょう寺のたぬきばやし	120
ジングルベル	130
シンデレラのスープ	122

す

すいかの名産地	73
ずいずいずっころばし	240
すうじの歌	52

せ

世界中のこどもたちが	167
世界に一つだけの花	228
せんせいとお友だち	19
線路は続くよどこまでも	102

そ

ぞうさん	193
そうだったらいいのにな	214

た

たいせつなたからもの	246
たき火	113
たこのうた	148

たなばたさま 60	ハッピー・バースデー・トゥ・ユー 194	村祭 87
たのしいね 186	鳩 222	**め**
ち	花は咲く 236	めだかの学校 33
小さな世界 210	春が来た 161	**も**
チェッチェッコリ 70	春がきたんだ 164	紅葉（もみじ） 99
茶摘 42	春の小川 25	桃太郎 239
チューリップ 16	春よ来い 159	森のくまさん 254
蝶々 17	パレード 96	**や**
つ	はをみがきましょう 203	やきいもグーチーパー 114
つき 92	パンダうさぎコアラ 200	やぎさんゆうびん 149
て	**ひ**	山の音楽家 93
手のひらを太陽に 66	ひいらぎかざろう 138	**ゆ**
手をたたきましょう 212	ひらいたひらいた 182	勇気100% 224
と	Believe（ビリーブ） 170	勇気りんりん 233
とおりゃんせ 118	**ふ**	夕日 119
ドキドキドン！一年生 176	ふしぎなポケット 184	雪 151
とけいのうた 53	富士山 143	ゆきのぺんきやさん 154
どこかで春が 26	故郷（ふるさと） 144	ゆげのあさ 158
トマト 72	ぶんぶんぶん 20	ゆりかごのうた 219
ともだち讃歌（さんか） 22	**ほ**	**よ**
どんぐりころころ 98	ぼくのミックスジュース 68	よーい・どん！ 110
とんでったバナナ 62	ほたるこい 56	**わ**
とんとんとんとんひげじいさん 198	ホ！ホ！ホ！ 82	我は海の子 80
どんないろがすき 244	**ま**	
な	まっかな秋 100	
七つの子 88	松ぼっくり 108	
に	豆まき 152	
にじ 54	**み**	
にじのむこうに 57	南の島のハメハメハ大王 74	
は	**む**	
バスごっこ 32	虫のこえ 89	
	むすんでひらいて 196	

歌い出しさくいん

あ

アイアイ（アイアイ）　アイアイ（アイアイ）（アイ・アイ）……188
あかいとり　ことり　なぜなぜ　あかい（赤い鳥小鳥）……223
あかい　べべきた　かわいい　きんぎょ（金魚の昼寝）……61
あがりめ　さがりめ　ぐるりとまわして　ねこのめ（あがりめさがりめ）……252
あかりをつけましょ　ぼんぼりに　おはなをあげましょ　もものはな（うれしいひなまつり）……166
あきかぜの　わすれもの　ゆうやけ　ピーヒャララ（赤鬼と青鬼のタンゴ）……124
あきのゆうひに　てるやま　もみじ（紅葉）……99
あさいちばんに　ラッパがなったら（パレード）……96
あさから　いっしょに　おにぎり（あ・い・う・え・おにぎり）……36
あたまを　くもの　うえに　だし（富士山）……143
あなたの　おなまえは　あなたの　おなまえは（あなたのおなまえは）……21
あぶくたった　にえたった　にえたかどうだか　たべてみよう（あぶくたった）……227
アブラハムには　しちにんのこ　ひとりはのっぽであとはちび（アブラハムの子）……204
あめあめ　ふれふれ　かあさんが（雨ふり）……47
あめが　あがったよ　おひさまが　でてきたよ（にじのむこうに）……57
ありがとうって　いったら　みんなが　わらってる（ありがとうの花）……162
あるこう　あるこう　わたしはげんき（さんぽ）……30
あるひ　もりのなか　くまさんに　であった（森のくまさん）……254
アルプス　いちまんじゃく　こやりの　うえで（アルプス一万尺）……242
あれまつむしが　ないている　チンチロチンチロチンチロリン（虫のこえ）……89
あわてんぼうの　サンタクロース　クリスマスまえに　やってきた（あわてん坊のサンタクロース）……128
あんまり　いそいで　こっつんこ　ありさんと　ありさんと　こっつんこ（おつかいありさん）……185

い

いちがついっぱい　ゆきよ　ふれ（カレンダーマーチ）……150
いちねんせいに　なったら　いちねんせいに　なったら（一年生になったら）……178
いつの　ことだか　おもいだしてごらん　あんなこと　こんなこと（思い出のアルバム）……180
いとまきまき　いとまきまき　ひいてひいて　とんとんとん（いとまき）……117

う

うさぎ　うさぎ　なにみて　はねる（うさぎ）……90
うさぎ　おいし　かのやま　こぶな　つりし　かのかわ（故郷）……144
うさぎのはらの　こうさぎたちは　そらにかがやく　ほしをみながら（うさぎ野原のクリスマス）……136
うみは　ひろいな　おおきいな（海）……71

お

おいでおいでおいでおいで　パンダ（パンダ）（パンダうさぎコアラ）……200
おおがたバスに　のってます（バスごっこ）……32
おおきなくりの　きのしたで　あなたと　わたし（大きな栗の木の下で）……109
おおきな　のっぽの　ふるどけい（大きな古時計）……48
おおさむ　こさむ　やまからこぞうが　とんできた（おおさむこさむ）……160
おかたづけ　おかたづけ　さあさ　みなさん（おかたづけ）……208
おてて　つないで　のみちをゆけば（くつが鳴る）……44
おててを　あらいましょう　きれいに　しましょう（おててをあらいましょう）……202
おにの　パンツは　いいパンツ　つよいぞ　つよいぞ（おにのパンツ）……155
おにはそと　ふくはうち　ぱらっ　ぱらっ　ぱらっ　ぱらっ（豆まき）……152
おばけなんて　ないさ　おばけなんて　うそさ（オバケなんてないさ）……78
おはながわらった　おはながわらった（おはながわらった）……18
おはよう　おはよう　ゆげがでる　はなから　くちから（ゆげのあさ）……158
おはようさんの　おおごえと　キラキラキラの　おひさまと（ぼくのミックスジュース）……68
おべんと　おべんと　うれしいな（おべんとう）……34
おもちゃのチャチャチャ　おもちゃのチャチャチャ（おもちゃのチャチャチャ）……134
おやまに　あめが　ふりました（あめふりくまのこ）……50

か

かえるの　うたが　きこえて　くるよ（かえるの合唱）……45
かきねの　かきねの　まがりかど（たき火）……113
がっかりして　めそめそして　どうしたんだい（勇気100%）……224
かもめの　すいへいさん　ならんだ　すいへいさん（かもめの水兵さん）……65
からす　なぜなくの　からすはやまに（七つの子）……88

き

きき　きのこき　き　きのこ　ノコノコノコノコ（きのこ）……104
きたかぜ　こぞうの　かんたろう　ことしも　まちまで　やってきた（北風小僧の寒太郎）……146
キャンプだホイ　キャンプだホイ　キャンプだホイホイホーイ（キャンプだホイ）……76
きょうも　たのしく　すみました　なかよしこよしで　かえりましょう（おかえりのうた）……192
きよし　このよる　ほしは　ひかり（きよしこの夜）……140
きらきら　ひかる　おそらの　ほしよ（きらきらぼし）……64
ぎんぎん　ぎらぎら　ゆうひが　しずむ（夕日）……119

く

グーチョキパーで　グーチョキパーで　なにつくろう　なにつくろう（グーチョキパーでなにつくろう）……220
クジラ　プカプカ　うみのうえ　とんでるカモメが　じかんをきいた（くじらのとけい）……84

け

げんこつやまの　たぬきさん　おっぱいのんで　ねんねして（げんこつやまのたぬきさん）……190

こ

こぎつね　こんこん　やまのなか（小ぎつね）……116
ここでいっしょに　あそんだ　ともだちを　ずっとずっとおぼえていよう（たいせつなたからもの）……246
コチコチカッチン　おとけいさん（とけいのうた）……53
ことりは　とっても　うたがすき　かあさんよぶのも　うたでよぶ（小鳥のうた）……197
このゆび　パパ　ふとっちょ　パパ　やあやあやあやあ（おはなしゆびさん）……253
こぶた（こぶた）　たぬき（たぬき）　きつね（きつね）　ねこ（ねこ）（コブタヌキツネコ）……209
これっくらいの　おべんとばこに（おべんとうばこのうた）……35
ごんべさんの　あかちゃんが　かぜひいた（クシャン）（ごんべさんのあかちゃん）……249

さ

さいた　さいた　チューリップの　はなが（チューリップ）……16
サクラさいたら　いちねんせい　ひとりで　いけるかな（ドキドキドン！一年生）……176
ささのは　さらさら　のきばに　ゆれる（たなばたさま）……60

し

しゃぼんだま　とんだ　やねまで　とんだ（しゃぼんだま）……29
じゅうごや　おつきさん　ごきげんさん（十五夜お月さん）……94
しょう　しょう　しょうじょうじ　しょうじょうじのにわは（しょうじょう寺のたぬきばやし）……120
しろやぎさんから　おてがみついた　くろやぎさんたら　よまずにたべた（やぎさんゆうびん）……149

す

ずいずい　ずっころばし　ごまみそずい（ずいずいずっころばし）……240
すうじの　いちは　なに（すうじの歌）……52

せ

せかいじゅう　どこだって　わらいあり　なみだあり（小さな世界）……210
せかいじゅうの　こどもたちが　いちどに　わらったら（世界中のこどもたちが）……167
せっせっせの　よいよいよい　おてらの　おしょうさんが（おてらのおしょうさん）……106
せんせい　おはよう　みなさん　おはよう（朝のうた）……24
せんせいと　おともだち　せんせいと　おともだち（せんせいとお友だち）……19
せんろは　つづくよ　どこまでも（線路は続くよどこまでも）……102

そ

ぞうさん　ぞうさん　おはながながいのね（ぞうさん）……193
そうだったら　いいのにな　そうだったら　いいのにな（そうだったらいいのにな）……214

ソソラ ソラソラ うさぎの ダンス(兎のダンス)……………………91

た
たくさんの まいにちを ここで すごしてきたね
(さよならぼくたちのほいくえん(ようちえん))…………173
たこ たこ あがれ かぜよくうけて(たこのうた)…………148
たとえばきみが きずついて くじけそうに なったときは(Believe)…170
たのしいね りょうてをあわすと(たのしいね)…………186
たのしい メロディー わすれた ときは(ホ!ホ!ホ!)………82

ち
チェッチェッコリ チェッコリサ(チェッチェッコリ)…………70
チャッ チャッ チャッ チャッ カボチャのスープ(シンデレラのスープ)……122
ちょうちょ ちょうちょ なのはにとまれ(蝶々)………17
ちょっと さみしくて なきたく なったら(よーい・どん!)……110

て
てくてく てくてく あるいてきて あくしゅで こんにちは(あくしゅでこんにちは)……183
でた でた つきが まるい まるい まんまるい(つき)……92
てを たたきましょう タンタンタン(手をたたきましょう)……212
でんでん むしむし かたつむり(かたつむり)…………46

と
とおりゃんせ とおりゃんせ ここはどこの ほそみちじゃ(とおりゃんせ)……118
どこかで はるが うまれてる(どこかで春が)…………26
としのはじめの ためしとて おわりなきよを めでたさを(一月一日)……142
トマトって かわいいなまえだね(トマト)…………72
ともだちが できた すいかのめいさんち なかよし
こよし すいかのめいさんち(すいかの名産地)……73
どんぐり ころころ どんぶりこ(どんぐりころころ)……98
とんとんとんとん ひげじいさん(とんとんとんとんひげじいさん)……198
どんな いろすき「あか」あかいいろがすき(どんないろがすき)……244

な
なつも ちかづく はちじゅうはちや(茶摘)…………42
ナンバーワンに ならなくてもいい もともと とくべつな オンリーワン
(世界に一つだけの花)…………228

に
にちようびに いちばへ でかけ いととあさをかってきた(一週間)……215
にわの シャベルが いちにち ぬれて(にじ)………54

は
はしれそりよ かぜのように ゆきのなかを かるくはやく(ジングルベル)……130
ハッピー バースデイ トゥ ユー(ハッピー・バースデー・トゥ・ユー)……194
バナナがいっぽん ありました(とんでったバナナ)……62
はるがきた はるがきた どこにきた(春が来た)……161
はるの おがわは さらさらいくよ(春の小川)……25
はるのかぜが ふいてきたら メダカも チョウチョも(春がきたんだ)……164
はるよこい はやくこい あるきはじめた ミイちゃんが(春よ来い)……159
はを みがきましょう しゅっしゅっしゅっ(はをみがきましょう)……203

ひ
ひいらぎ かざろう ファララララララララ(ひいらぎかざろう)……138
ひとりと ひとりが うでくめば(ともだち讃歌)……22
ひらいた ひらいた なんのはなが ひらいた(ひらいたひらいた)……182

ふ
ぶん ぶん ぶん はちがとぶ(ぶんぶんぶん)…………20

ほ
ぼくのせいの なんばいも おおきな カエデのき(カエデの木のうた)……39
ぼくのだいすきな クラリネット パパからもらった クラリネット
(クラリネットをこわしちゃった)…………216
ぼくらはみんな いきている いきているから うたうんだ(手のひらを太陽に)……66
ポケットのなかには ビスケットがひとつ ポケットをたたくと(ふしぎなポケット)……184
ぽっ ぽっ ぽ はとぽっぽ(鳩)…………222
ほ ほ ほたるこい(ほたるこい)…………56

ま
まいごの まいごの こねこちゃん あなたのおうちは どこですか(犬のおまわりさん)……206
まっかだな まっかだな つたのはっぱが まっかだな(まっかな秋)……100
まっかなおはなの トナカイさんは いつもみんなの わらいもの(赤鼻のトナカイ)……132
ましろな ゆきみちに はるかぜ かおる(花は咲く)……236
まつぼっくりが あったとさ たかいおやまに あったとさ(松ぼっくり)……108

み
みなみの しまの だいおうは(南の島のハメハメハ大王)……74

む
むかし むかし うらしまは たすけた かめに つれられて(浦島太郎)……250
むすんで ひらいて てをうって むすんで(むすんでひらいて)……196
むらのちんじゅの かみさまの(村祭)…………87

め
めだかの がっこうは かわのなか(めだかの学校)……33

も
もういくつ ねると おしょうがつ(お正月)………141
もしもし かめよ かめさんよ せかいのうちで おまえほど(うさぎとかめ)……248
ももたろうさん ももたろうさん おこしにつけた(桃太郎)……239

や
やきいも やきいも おなかが グー(やきいもグーチーパー)……114
やっとこ やっとこ くりだした(おもちゃのマーチ)……127
やねよりたかい こいのぼり(こいのぼり)……28

ゆ
ゆうきのすずが りんりんりん ふしぎな ぼうけん るんるんるん(勇気りんりん)……233
ゆうやけ こやけの あかとんぼ(赤とんぼ)……86
ゆきの ペンキやさんは おそらから ちらちら(ゆきのぺんきやさん)……154
ゆきやこんこ あられやこんこ ふっては ふっては(雪)……151
ゆりかごの うたを カナリヤが うたうよ(ゆりかごのうた)……219

り
りすさんが マスクした ちいさい ちいさい ちいさい ちいさい
(こんこんクシャンのうた)…………153

わ
わたしゃ おんがくか やまのこりす(山の音楽家)……93
われは うみのこ しらなみの(我は海の子)……80

この本の特長と使い方

この本では、保育の現場ですぐに使えるように、弾きやすいアレンジを心がけ、ピアノ初心者でもすぐに弾ける工夫をした譜面を掲載しています。まずは本書の特長と使い方を紹介します。

この本の特長1
現場に即した使える155曲を厳選！
毎日の保育で歌いたい曲を、月ごとに厳選。さらに人気・定番曲も集めました。子どもといっしょに歌いたくなる曲ばかりです。

この本の特長2
初心者にも弾きやすいシンプルアレンジで安心
ピアノが苦手な方やピアノ初心者も練習しやすい、シンプルなアレンジを採用。弾きながら歌いやすいので、子どもの前でも安心です。

この本の特長3
ポイント解説付きだから子どもも楽しく歌える！
各曲に合わせた弾き方のコツを掲載しました。より楽しく、美しく演奏するためのポイントをおさえて、歌うときのヒントにしましょう。

POINT 1 月並びだから選曲しやすい！
4月から3月、人気・定番曲の順に155曲が掲載されています。今日歌いたい曲がすぐに選べます。

POINT 2 シンプルな譜面で弾きやすい！
黒鍵への苦手意識がある人にも安心の、シンプルなアレンジだから、少しの練習できれいに弾くことができます。コードネームも記載したので、ギターなどでの伴奏も可能です。

POINT 3 子どもも歌いやすいアレンジ！
保育者が弾きやすい曲は、つまり子どもも歌いやすいということ。歌うことの楽しさを感じることができます。

POINT 4 人気&定番ソングもおさえられる！

子どもが大好きな人気&定番ソングも掲載。思わず歌いたくなるメロディーを、シンプルな譜面で弾いてみましょう。

POINT 5 プロによる解説で練習しやすい！

アレンジャーによる「弾くときのコツ」で、ワンランク上の伴奏に。練習する際のポイントとなります。

POINT 6 前奏もかんたんだからチャレンジできる！

保育の現場で欠かせない、前奏。よりかんたんに弾ける前奏で、子どもたちも歌い出しに迷わずに済みます。

POINT 7 指番号と「ドレミ…」付きで練習しやすい！

指番号どおりの指運びで、よりかんたんに弾くことができます。また「ドレミ」のカタカナも掲載したので、ビギナーも安心です。

\ この本に出てくる /
調と音階／反復記号の基本

本書に出てくる調と音階、反復記号をまとめました。
知っておけば、弾くときに迷いがなくなるのでチェックしておきましょう。

調とその音階

どの音が主音（長調ならハ長調でいう「ド」、短調ならイ短調でいう「ラ」）かわかるよう、音階構成音の鍵盤上での位置も示しています。

♪ ハ長調

♪ ヘ長調

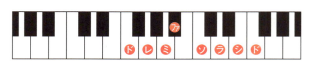

♪ ト長調

♪ イ短調

♪ ニ短調

反復記号

楽譜上の反復記号がスムーズに読めると、ぐっと弾きやすくなります。
基本の読み方を覚えておきましょう。

♪ ダ・カーポ（ *D.C.* ）／ダル・セーニョ（ *D.S.* ）

D.C. は「最初に戻る」、*D.S.* は「セーニョ（ 𝄋 ）に戻る」の意味。戻ったあとはフィーネ（ *Fine* ）で終わります。

※本書では「 *D.S. al Fine* 」という表記を用いていますが、同じ意味です。

♪ リピート（ ||: :|| ）／カッコ（ |1. |2. ）

:|| がある所で最初に戻ります。||: と :|| で挟まれている所は、挟まれた部分を繰り返します（「:」の向きに注意しましょう）。

|1. |2. などがある所は、番号に従い次のように繰り返します。

|3. などカッコが増えた場合も、番号に従って繰り返します。

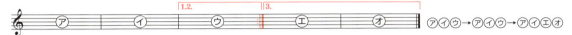

♪ コーダ（ ⊕ Coda ）

⊕ Coda は「終結部」の意味。*D.C.* や *D.S.* のあとに加わることがあります。

次のような場合、*D.C.* で最初に戻り、to ⊕ で ⊕ Coda へ飛びます。

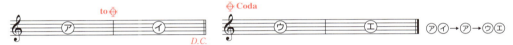

次のような場合、*D.S.* でセーニョ（𝄋）に戻り、to ⊕ で ⊕ Coda へ飛びます。

D.C.／*D.S.* と ⊕ Coda に、:|| や |1. |2. が組み合わさった場合、
原則的に :|| や |1. |2. を先に演奏し、*D.C.*／*D.S.* →最初／𝄋 → to ⊕ → ⊕ Coda の順に演奏します。

カッコの番号が複雑で、*D.C.* や ⊕ Coda が複数回使われる場合もありますが、次のように演奏します。

カッコの番号が複雑で、*D.C.* や ⊕ Coda が複数回使われる場合もありますが、次のように演奏します。

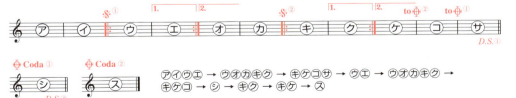

11

コードネームについて

本書では、伴奏の手助けとなるよう、すべての曲にコードネームが付けてあります。
読み方の基本と、よく使われるコードを覚えておくと便利です。

コードネームとは？

　和音のことを「コード」といい、和音をC、Am、G7というようにアルファベットや数字で表したものを「コードネーム」といいます。
　まず、「ドレミファソラシド」をイギリス・アメリカ式の表記でアルファベットで表すと「CDEFGABC」となります（譜例1）。そして、例えば「ド＝C」の音を基本に音を積み重ねていくとさまざまな和音が生まれ、「C」「Cm」「C7」などのコードネームで表すことができるのです（譜例2）。

よく使われるコード

※分かりやすいように、すべて「C」を根音としたコードで説明しています。

♪ 3つの音で構成されるコード

メジャー（長三和音）

　「C」と表記し、「シー・メジャー」と読みます。基本となるシンプルなコードで、明るい響きがします。構成音は「C（ド）、E（ミ）、G（ソ）」。なお、音の積み重ね方が「E、G、C（ミソド）」や「G、C、E（ソドミ）」であっても、「C」のコードであることに変わりはありません。

マイナー（短三和音）

　「Cm」と表記し、「シー・マイナー」と読みます。前述の「C」のコードの第3音を半音下げたもので、構成音は「C（ド）、E♭（♭ミ）、G（ソ）」。メジャーとくらべて少し暗く悲しいイメージの響きがします。

オーギュメント（増三和音）

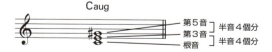

　「Caug」と表記し、「シー・オーギュメント」と読みます。「C」のコードの第5音を半音上げたもので、構成音は「C（ド）、E（ミ）、G♯（♯ソ）」。なんとなく落ち着かない響きがします。「C（♯5）」「C＋」といった表記もあります。

ディミニッシュ（減三和音）

　「Cdim」と表記し、「シー・ディミニッシュ」と読みます。「C」のコードの第3音と第5音を半音下げたもので、構成音は「C（ド）、E♭（♭ミ）、G♭（♭ソ）」。不安定で未解決なイメージの響きがします。
※現在では、「dim」は第7音を加えた四和音（後述のdim7）としての意味で使われることも多くなっています。

♪ 4つの音で構成されるコード

セブンス（属七の和音）

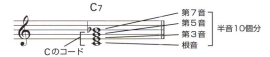

「C7」と表記し、「シー・セブンス」と読みます。「C」のコードにもう1つ、根音から数えて7番目の音を加えた、4つの音でできています。構成音は「C（ド）、E（ミ）、G（ソ）、B♭（♭シ）」。曲のなかで、その曲がなに調であるか決定づける性格をもった重要なコードです。例えば、「C7」は次に「F」（ヘ長調の主和音）へ進む力をもち、ヘ長調の「属七の和音（ドミナント・セブン）」とも呼ばれます。

マイナー・セブンス（短七の和音）

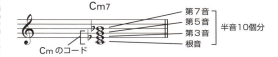

「Cm7」と表記し、「シー・マイナー・セブンス」と読みます。「Cm」のコードに、セブンスと同じ第7音を加えた形で、構成音は「C（ド）、E♭（♭ミ）、G（ソ）、B♭（♭シ）」となります。また、この第5音（G）を半音下げた「Cm7（♭5）」や、その第7音がない「Cm（♭5）」というコードもよく使われます。

メジャー・セブンス（長七の和音）

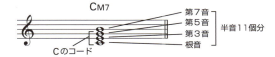

「CM7」と表記し、「シー・メジャー・セブンス」と読みます。「C」のコードに、セブンスよりも半音上の第7音を加えた形で、構成音は「C（ド）、E（ミ）、G（ソ）、B（シ）」となります。「Cmaj7」「C△7」といった表記もあります。

ディミニッシュ・セブンス（減七の和音）

「Cdim7」と表記し、「シー・ディミニッシュ・セブンス」と読みます。「Cdim」のコードに、セブンスよりも半音下の第7音を加えた形で、構成音は「C（ド）、E♭（♭ミ）、G♭（♭ソ）、B♭♭（♭♭シ）」となります。
※現在では、「dim」が「dim7」と同じ意味で使われることも多くなっています。

♪ 曲に彩りを添えるさまざまなコード

サスフォー

「Csus4」と表記し、「シー・サスフォー」と読みます。「C」のコードの第3音が第4音に変化したもので、構成音は「C（ド）、F（ファ）、G（ソ）」。広がりをもった、宙に浮いたようなイメージの響きがします。コード進行としては、第4音が第3音に進んで「C」のコードに解決する場合と、そのまま使われる場合とがあります。

シックス

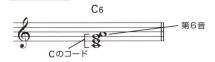

「C6」と表記し、「シー・シックス」と読みます。「C」のコードに第6音が付加されたコードで、構成音は「C（ド）、E（ミ）、G（ソ）、A（ラ）」。優しく温かな印象の、味わいのある響きです。また、「Cm」のコードに第6音を付加すると「Cm6」となります。

アド・ナインス

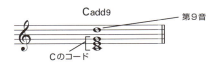

「Cadd9」と表記し、「シー・アド・ナインス」と読みます。「C」のコードに第9音を加えたコードで、構成音は「C（ド）、E（ミ）、G（ソ）、D（レ）」。透き通った、きらきらしたイメージの響きです。

オン・コード

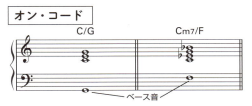

「C/G」「Cm7/F」など分数のような形で表記する方法で、分母の部分が最低音（ベース音）を表します。「C/G」の場合、「G（ソ）」がベース音で、その上に「C」のコードを鳴らす、という意味になります。この表記を用いることで、例えば151ページ「F→F/E→F/D→F/C」といった、滑らかで美しいベースラインのコード進行を表すこともできます。

子どもと楽しく歌うコツ

「どうすればもっと子どもが歌に親しめる？」「もっと楽しく歌うには？」という、
保育者ならではのお悩みにお答えします。子どもが喜んで歌うためのポイントを見てみましょう。

コツ1 子どもの年齢や発達段階に応じた曲を選ぶ

年齢に合わせた難易度、長さの曲を選びたいもの。ただし、子どもの発達や興味・関心には個人差があり、クラス全体の雰囲気もさまざまです。子どもの様子を見極め、そのときに楽しめる曲をいっしょに選びましょう。遊びへの広がりも検討します。

0〜1歳児
歌うことの楽しさが伝わる曲がおすすめ。優しく語りかけるように歌ったり、手足を持ってリズミカルに歌ったり。歌や音楽を楽しいと感じる心を育てましょう。

2〜3歳児
言葉が身に付き、自分でも歌ってみたいという思いが芽生える頃。歌いやすく、子どもが興味をもちやすい身近なテーマの曲を選ぶとよいでしょう。簡単な手遊び歌もおすすめ。

4〜5歳児
難しいメロディーの曲や歌詞の長い曲なども覚えて、友達と楽しく歌うことができます。楽器を合わせてみたり、劇遊びの途中で歌ってみたりと、歌を取り入れた遊びが広がります。

コツ2 導入で曲のイメージや歌詞の意味を伝える

季節の風景や身近な食べ物、虫や動物など、それぞれの曲にはテーマが必ずあります。曲のもつイメージや歌詞の意味を、子どもにもわかりやすく説明してから歌うと、よりその曲の世界に入り込むことができます。また、関連する絵本を読んだり、風景を見たりすることで、子どもにとっても親しみのある曲になります。歌詞に出てくる普段あまり使わない言葉も、ていねいに伝えると理解が深まります。

コツ3 保育者が楽しく歌う姿を見せ、いっしょに笑顔で歌おう！

ピアノに苦手意識がある場合、気づいたときにはしかめっ面で弾いていた、なんてことはありませんか？　子どもたちに歌の楽しさを伝えるためには、まずは保育者自身が楽しく歌っている姿を見せることが大切です。楽譜ばかり見て、子どもたちを見る余裕がないのもよくありません。

伴奏は完璧を目指さずに、子どもと楽しく歌ってみましょう。難しいときは右手だけでもよいのです。正確さにはこだわりすぎずに、まずは歌を楽しむ気持ちをもって臨みましょう。

\初心者も安心！/
ピアノ練習の手順

子どもたちの前で弾くためには、十分な練習が必要です。伴奏が途切れると、歌も止まってしまいます。楽しく笑顔で弾くための、練習の手順を見てみましょう。

1 まずはメロディーを覚える

楽譜を読むのが苦手な人は、まずは耳で曲を覚えましょう。メロディーを覚えて自分で歌えるようになると、その曲のイメージが頭に入りやすくなります。学校などで指導を受けている場合は、可能であれば先生の模範演奏を録音させてもらい、繰り返し聴くのもおすすめです。

2 「ドレミ…」を追って弾いてみる

ドレミの音符の名前でメロディーを繰り返し歌い、頭に入れてから弾くとスムーズです。指と音符は一度に見られないので、最初は楽譜だけを見るようにします。

3 右手のメロディーを最後まで弾く

まずは右手だけでメロディーを最後まで弾いてみましょう。最初はゆっくりでもOK。ある程度弾けるようになったら、メトロノームや電子ピアノに付いているリズム機能などを使い、速度を確認しながら正しく弾く練習をします。

4 左手を少しずつ入れていく

右手のメロディーが弾けるようになったら、左手を少しずつ加えていきます。最初は左手で各小節のはじめの音だけを弾き、次に1拍目と3拍目というように増やして弾いてみましょう。慣れてきたら、楽譜にある音符をすべて弾きます。両手で弾けるようになったら、弾きながら歌う練習をします。

4月 チューリップ

作詞：近藤宮子　作曲：井上武士

弾くときのコツ 2／4拍子で書かれていますが、4小節をひと息で弾くつもりで演奏します。左手は、バタバタとうるさくならないように優しいタッチで。

4月 蝶々

作詞：野村秋足　スペイン民謡

 ひらひらと舞う蝶をイメージしながら、優しい気持ちで弾きましょう。右手は全体的になめらかに、左手は和音をやわらかく響かせるつもりで。

4月 おはながわらった

作詞：保富庚午　作曲：湯山　昭

弾くときのコツ かわいらしく咲く花をイメージしながら、おだやかに弾きましょう。ゆったりとしたテンポを保ち、♪♪のリズムは跳ねすぎないようにします。

せんせいとお友だち

4月

作詞：吉岡 治　作曲：越部信義

弾くときのコツ　左手の4分音符の和音は、一つひとつはっきりと弾きましょう。メロディーの♩♪のリズムは軽いタッチで弾むように弾くとよいでしょう。

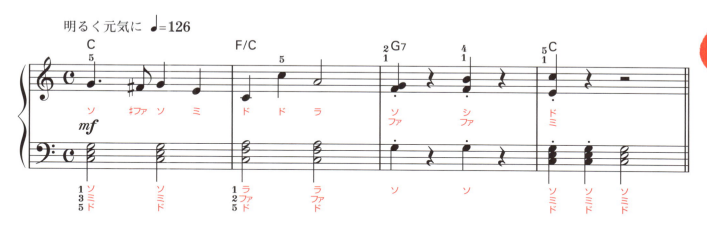

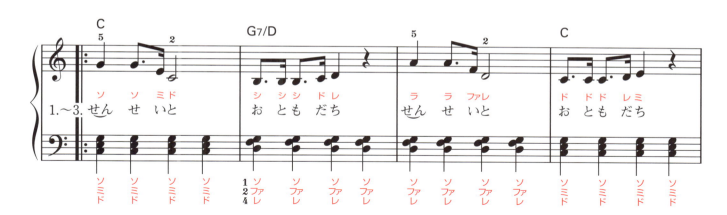

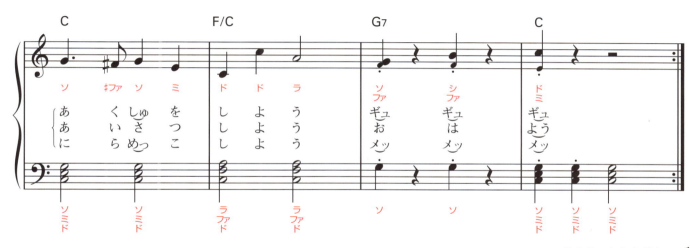

せんせいとお友だち　19

ぶんぶんぶん

4月

訳詞：村野四郎　ボヘミア民謡

 弾くときのコツ　「♪ぶんぶんぶん」の部分を歯切れよく弾くことを意識して。7〜10小節目は少し雰囲気を変えて、なめらかに、流れるように弾くとよいでしょう。

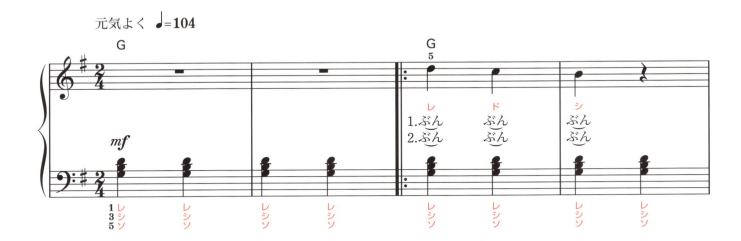

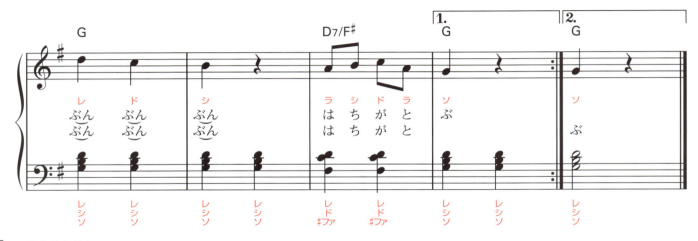

あなたのおなまえは

4月

作詞：不詳　インドネシア民謡

 弾くときのコツ　優しく語りかけるように演奏しましょう。楽譜では3回目の「♪あなたのおなまえは」のあとのみ「○○です」と答えるようにしていますが、1回目、2回目のあとでもOKです。

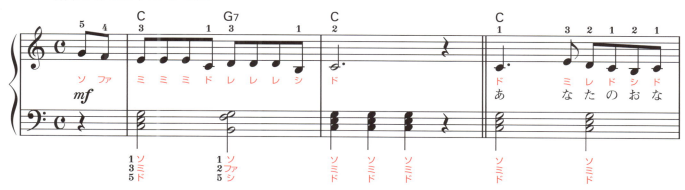

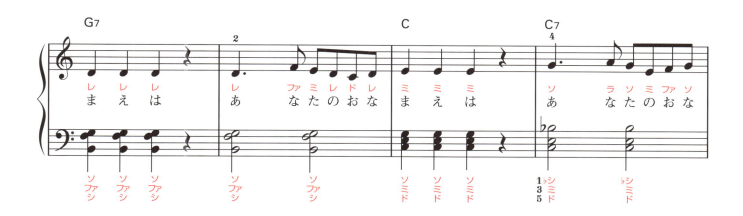

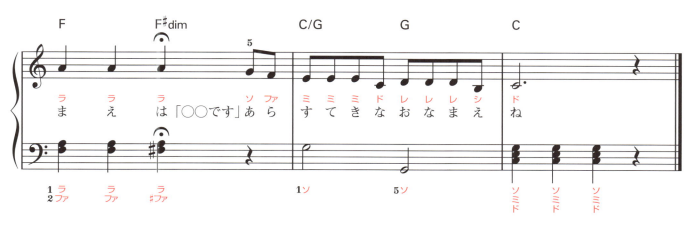

あなたのおなまえは　21

4月 ともだち讃歌 (さんか)

訳詞:阪田寛夫　アメリカ民謡

 弾くときのコツ

楽しく弾むような気持ちで弾きましょう。最後にいろいろな国の言葉が出てきますが、この箇所の右手は♩の示す高さの音(レ・ソ)を弾いてもよいでしょう。

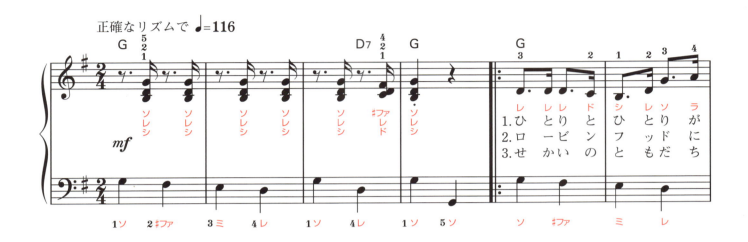

ともだち讃歌(さんか)

朝のうた

4月

作詞：増子とし　作曲：本多鉄麿

 元気のよいあいさつで明るい一日が始まるイメージで弾きましょう。右手の♫のリズムは軽いタッチで。前奏や13小節目の♩..♪のリズムは♩ ♫という意味です。

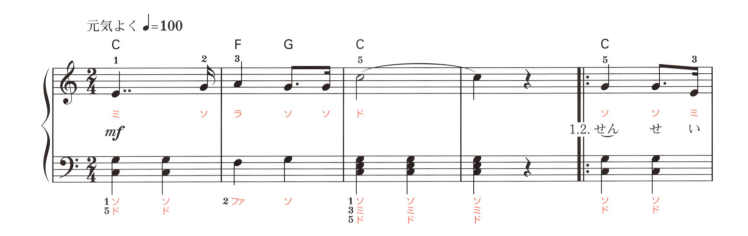

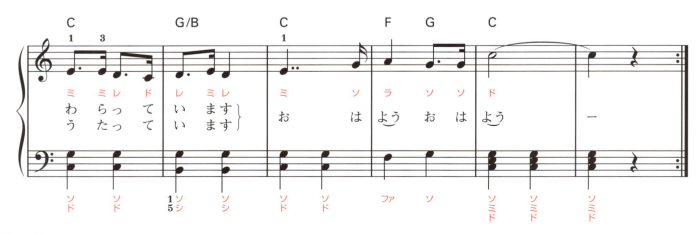

24　朝のうた

春の小川

作詞：高野辰之　作曲：岡野貞一

弾くときのコツ　左手の8分音符の分散和音は、歌のメロディーを意識して控えめに。さらさらと流れる小川をイメージし、なめらかな演奏を心がけましょう。

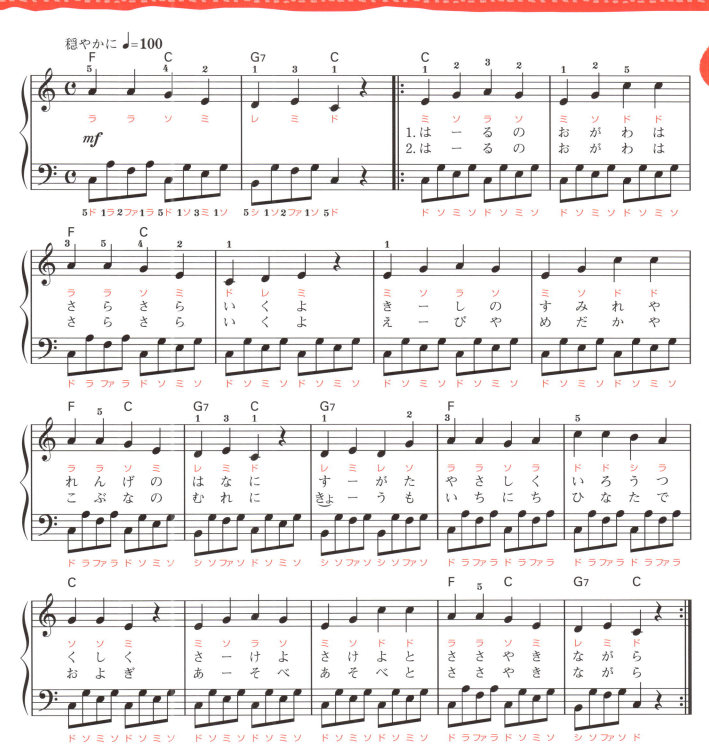

4月 どこかで春が

作詞：百田宗治　作曲：草川　信

弾くときのコツ　前奏はタイでつながった音がいくつも出てくるので、伸ばす長さに注意しましょう。9〜11小節目などは、左手から右手へと続けて弾く「シ」の音がもたつかないよう気を付けて。

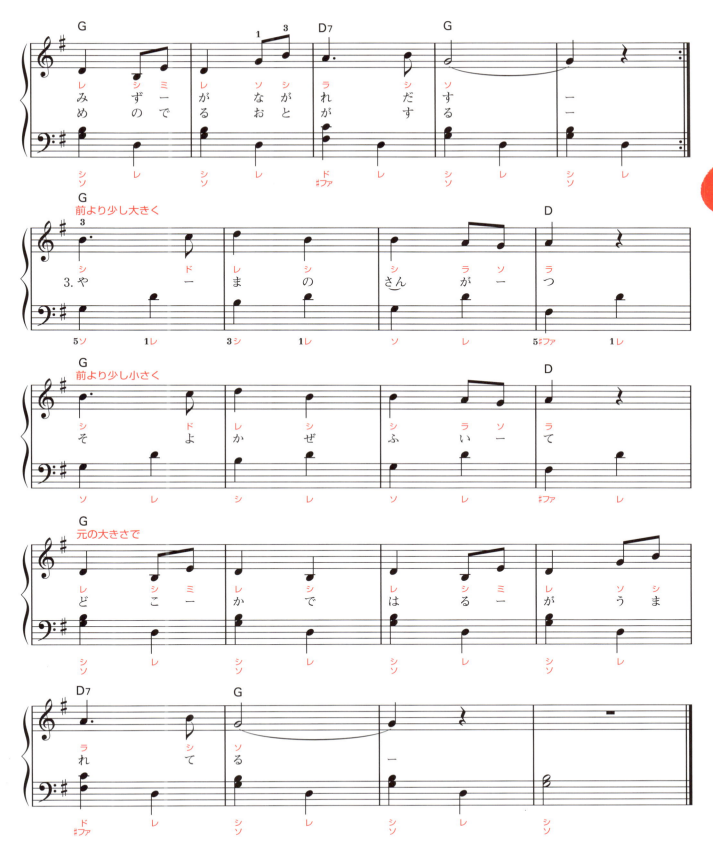

どこかで春が

5月 しゃぼんだま

作詞：野口雨情　作曲：中山晋平

弾くときのコツ　シャボン玉の繊細なイメージを表現するように、ていねいに弾きましょう。13小節目「♪しゃぼん」のリズムが歌いづらい場合は、♫のリズムで歌ってもOKです。

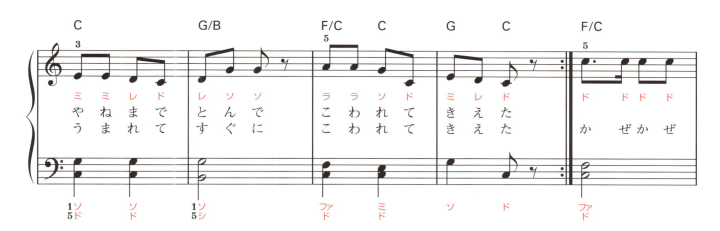
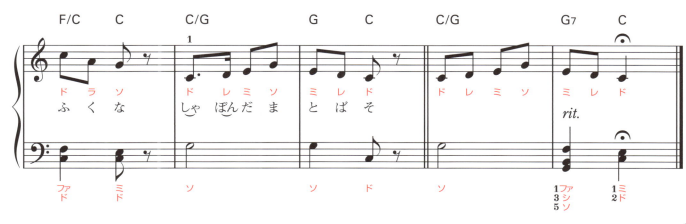

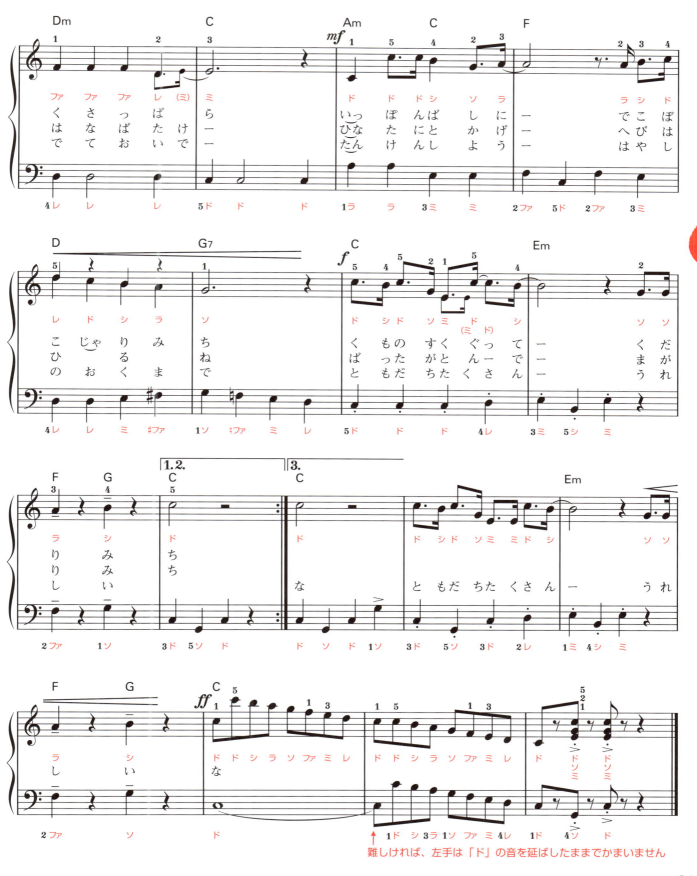

5月 バスごっこ

作詞：香山美子　作曲：湯山　昭

弾くときのコツ　みんなでバスに楽しく乗っているようなイメージで軽快に弾きましょう。最後の小節の右手に出てくる「ド♭シラソファ」は難しければ省略して、左手のみでもかまいません。

5月 めだかの学校

作詞：茶木 茂　作曲：中田喜直

弾くときのコツ　8、10小節目の右手のリズムは、1、2番と3番とで変わるので注意しましょう。左手は川が流れるように、なめらかに弾きます。

5月 おべんとう

作詞：天野 蝶　作曲：一宮道子

弾くときのコツ　お弁当の時間を楽しみにしている子どもたちの姿を思い浮かべて、元気よく。♩♪のリズムやスタッカートは軽やかに、よく跳ねて弾きましょう。

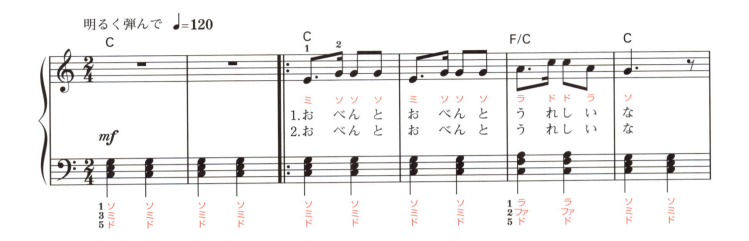

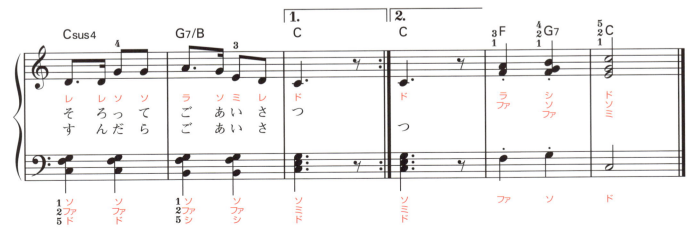

34　おべんとう

おべんとうばこのうた

わらべうた

初めは歌いやすい速さ（歩くくらいの速さ）で、何回か繰り返すうちに速くしていってもよいでしょう。伴奏は、ピアノではなくタンバリンなどでリズムを叩いてもOKです。

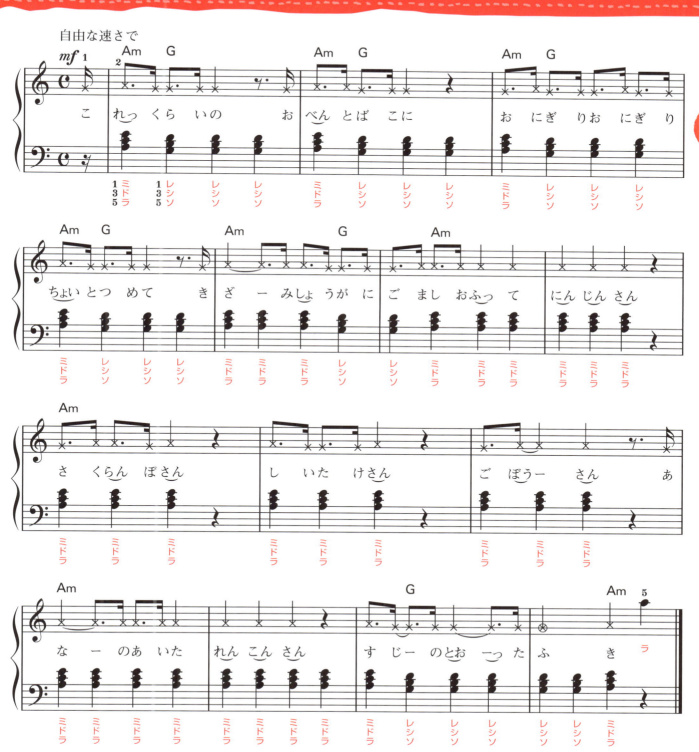

5月 あ・い・う・え・おにぎり

作詞・作曲：しゅうさえこ

弾くときのコツ　子どもたちに答えてもらう部分は4小節以上繰り返してもかまいません。「♪あ・い・う・え・おにぎり」は、歯切れよく演奏し、最後は盛り上がって終わりましょう。

©2001 by NHK Publishing, Inc.

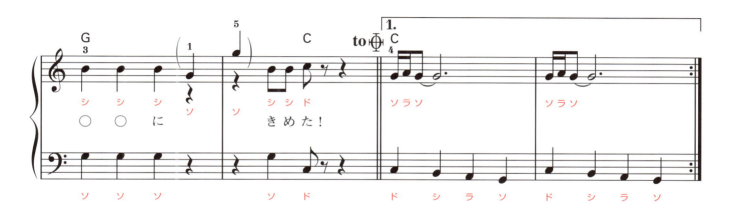

あ・い・う・え・おにぎり 37

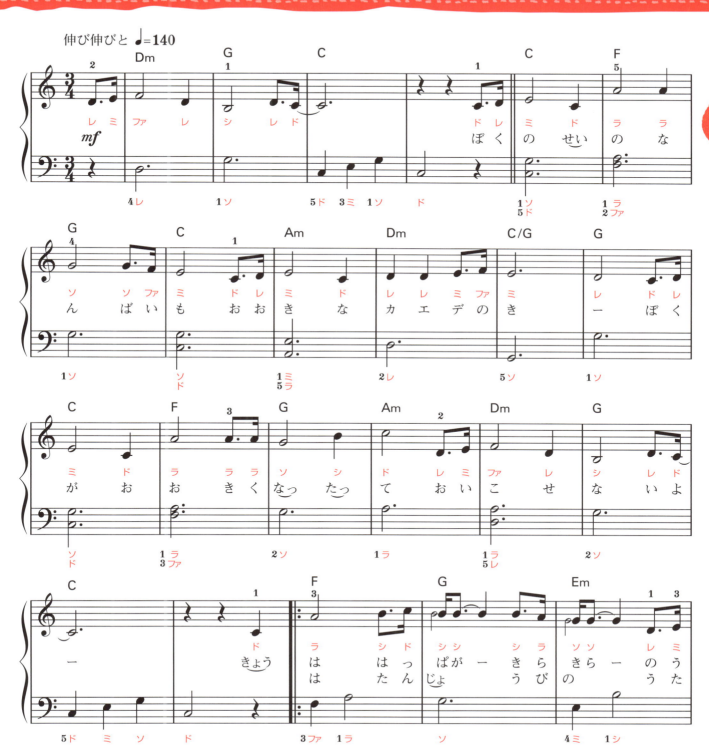

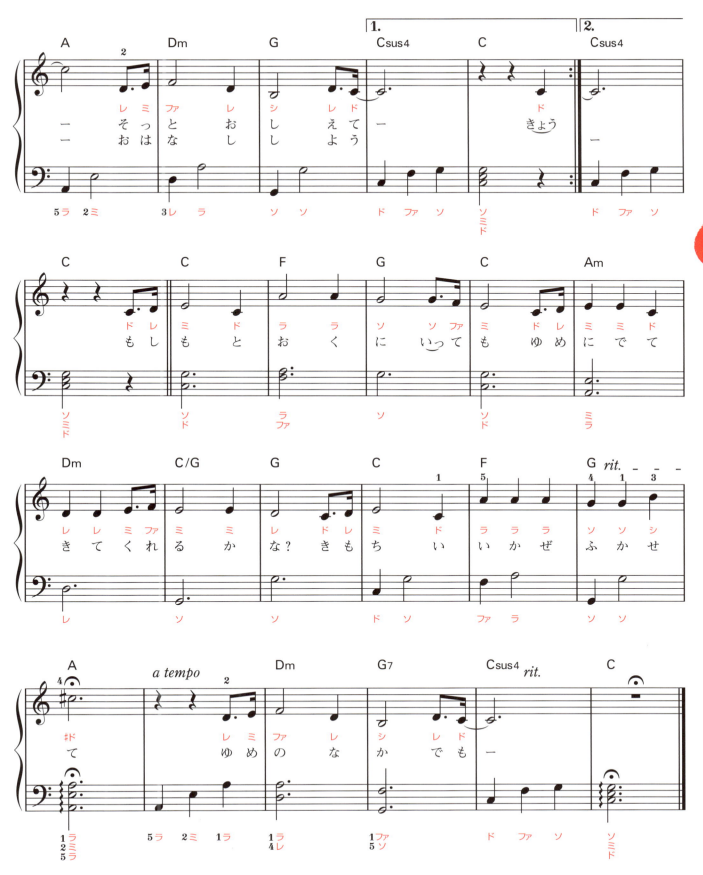

5月 茶摘

文部省唱歌

弾くときのコツ　2／2拍子のリズムに乗って軽快に。右手が4分休符で始まる小節（1、5、9小節目など）は、休符の長さを正確に感じ取って、リズミカルに演奏しましょう。

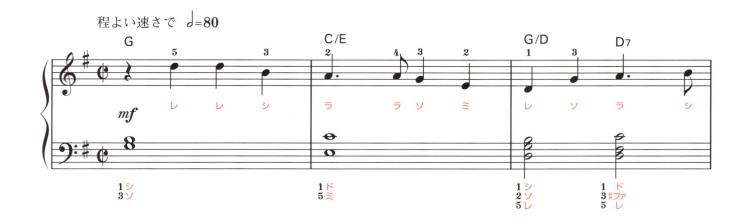
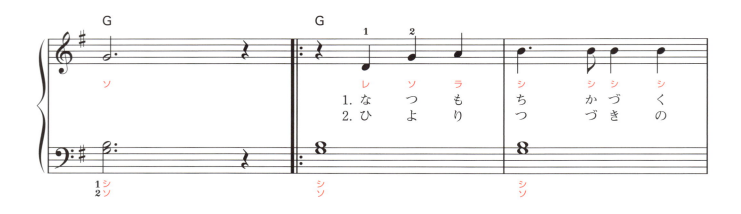
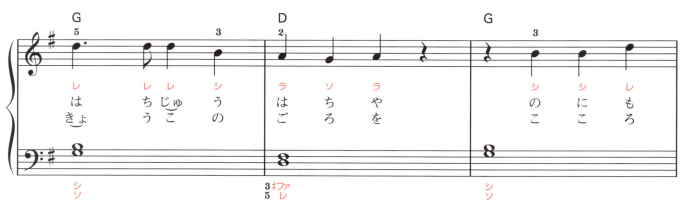

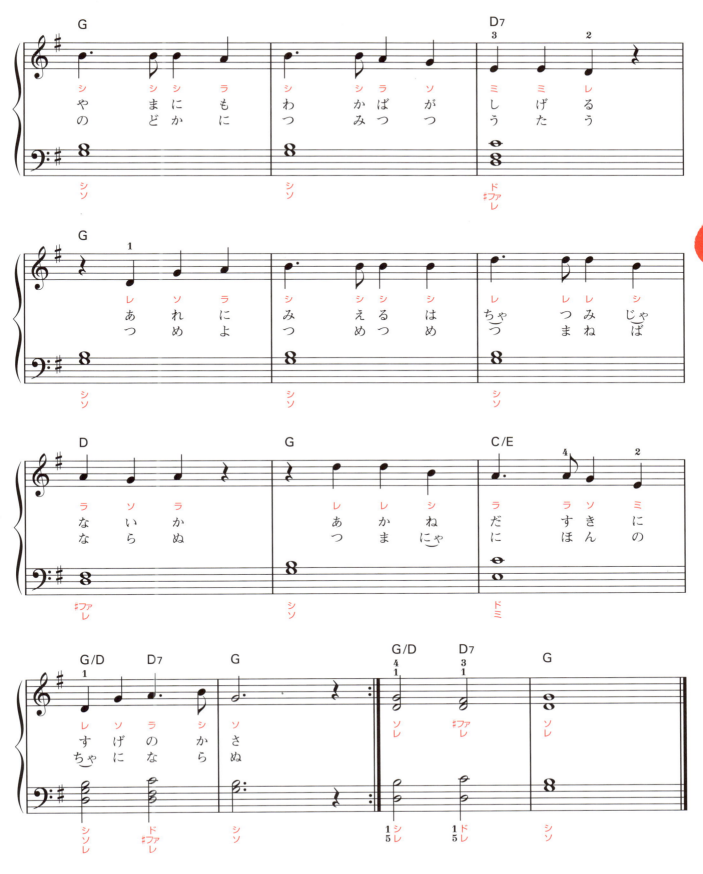

5月 くつが鳴る

作詞：清水かつら　作曲：弘田龍太郎

弾くときのコツ　小さな子どもたちが、手をつなぎながら道を散歩している情景をイメージして、優しい気持ちで演奏しましょう。左手の和音（ドミソ）などはやわらかく響かせるようにします。

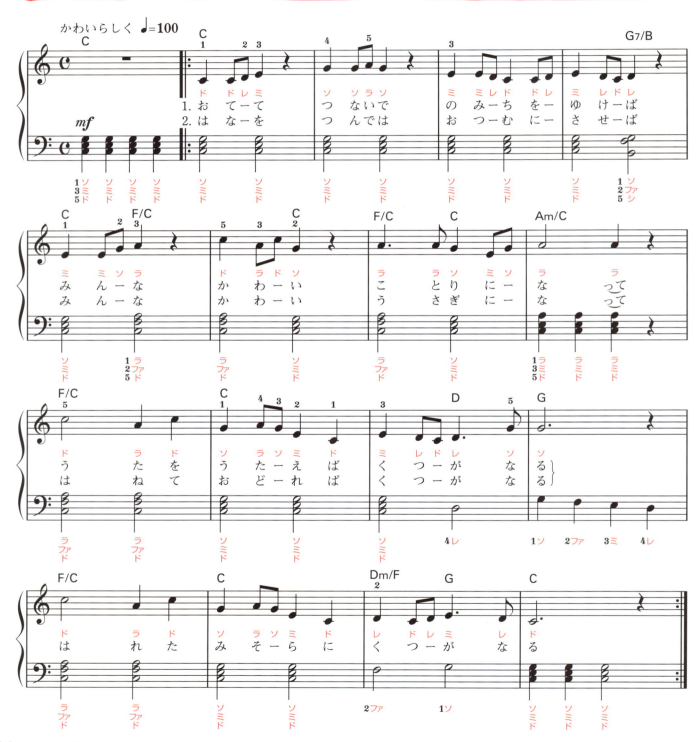

6月 かえるの合唱

作詞：岡本敏明　ドイツ民謡

弾くときのコツ　右手の16分音符が転ばないように注意して。子どもが慣れてきたら、2つまたは3つのグループに分かれ、歌い出しを2小節ずつずらして輪唱をしても楽しいでしょう。

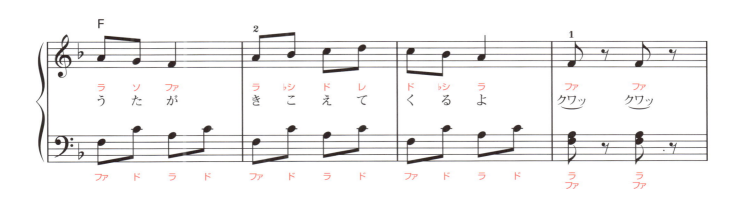

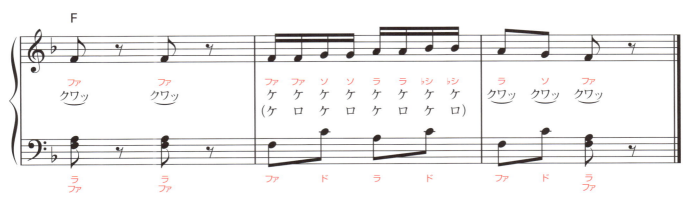

かえるの合唱　45

6月 かたつむり

文部省唱歌

弾くときのコツ: 5～7、9～11小節目の右手は、左手のリズムにつられないように、♩♩に気を付けてはっきりと弾きましょう。左手の分散和音（ドソミソなど）はバタバタとうるさくならないように。

6月 雨ふり

作詞：北原白秋　作曲：中山晋平

弾くときのコツ　♩♩=♩♪(3連符)で書かれているので、スウィングを付けて演奏しましょう。スタッカートの付いていない音も軽いタッチで弾くと、かわいらしい雰囲気が出ます。

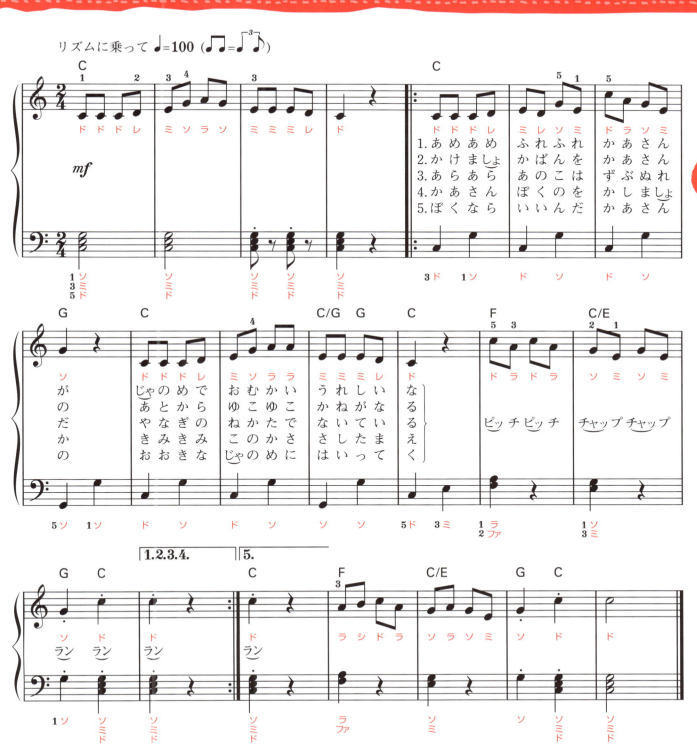

6月 大きな古時計

作詞・作曲：H. C. ワーク　訳詞：保富庚午

弾くときのコツ　歌詞の内容を感じ取りながら、心を込めて伴奏しましょう。強弱を付けながら、天国へいったおじいさんへの寂しい気持ちと優しい気持ち、どちらも表現できるとよいですね。

6月 あめふりくまのこ

作詞：鶴見正夫　作曲：湯山　昭

弾くときのコツ　物語のような歌詞なので、ゆったりとしたテンポで語りかけるように弾くとよいでしょう。間奏の右手には音がやや跳躍する部分があるので、ポジションをしっかり覚えておきます。

50　あめふりくまのこ

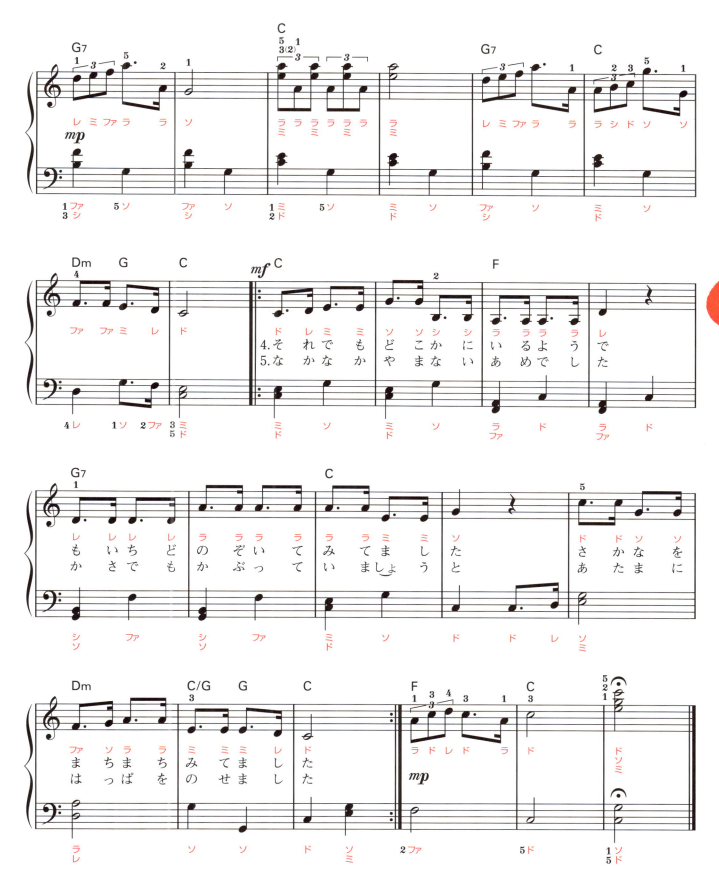

6月 すうじの歌

作詞：夢 虹二　作曲：小谷 肇

弾くときのコツ　右手に出てくる ♪♫ のリズムは重くならないように、軽いタッチで。前奏は、右手の16分音符が入り遅れないように気を付けて、ノリよく弾きましょう。

6月 とけいのうた

作詞：筒井敬介　作曲：村上太朗

弾くときのコツ　時計の針のように、伴奏も一定のテンポで拍を刻みます。「♪コチコチカッチン」のメロディーは、あえて機械的な感じで弾くとよいでしょう。強弱にも気を付けて表情豊かに。

6月 にじ

作詞：新沢としひこ　作曲：中川ひろたか

弾くときのコツ で書かれているので、スウィングを付けて演奏しましょう。右手は軽やかなタッチで、伸びやかに歌うように弾きます。

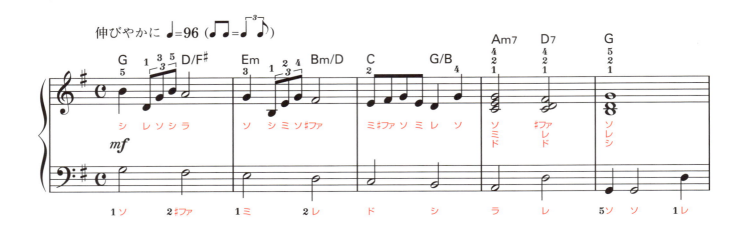

©1991 by CRAYONHOUSE CULTURE INSTITUTE

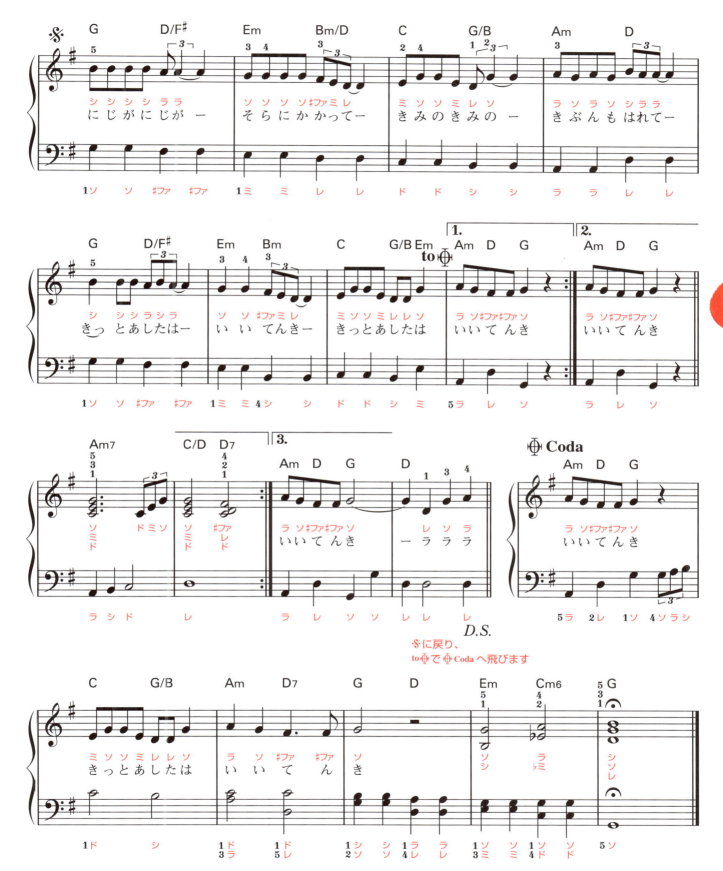

6月 ほたるこい

わらべうた

弾くときのコツ　速すぎないテンポで演奏しましょう。「♪ほ　ほ」の右手は一つひとつの音符と休符をていねいに感じて、「♪ほたるこい」の左手は優しく控えめに。

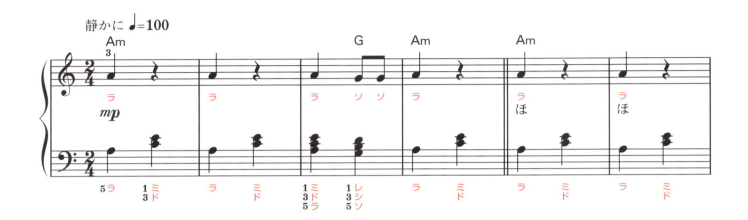

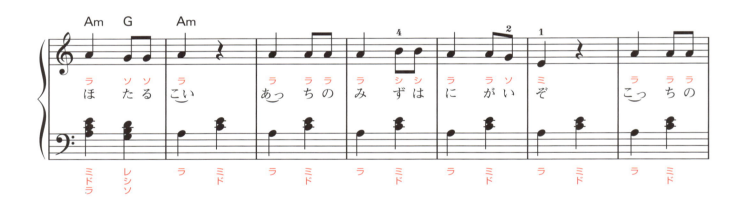

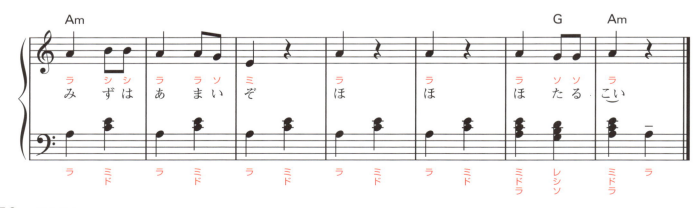

6月 にじのむこうに

作詞・作曲：坂田 修

弾くときのコツ 小節をタイでまたぐリズムがところどころに出てきます。前小節からのタイで始まる小節（2小節目など）は、1拍目をきちんとカウントしましょう。

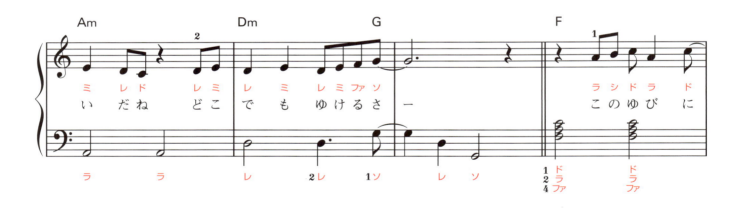
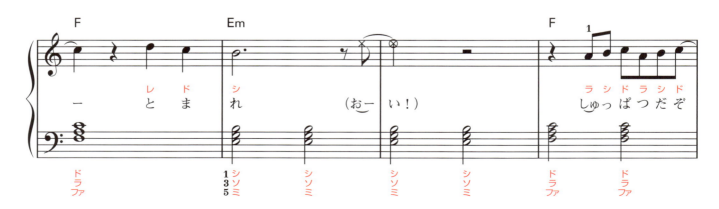

にじのむこうに

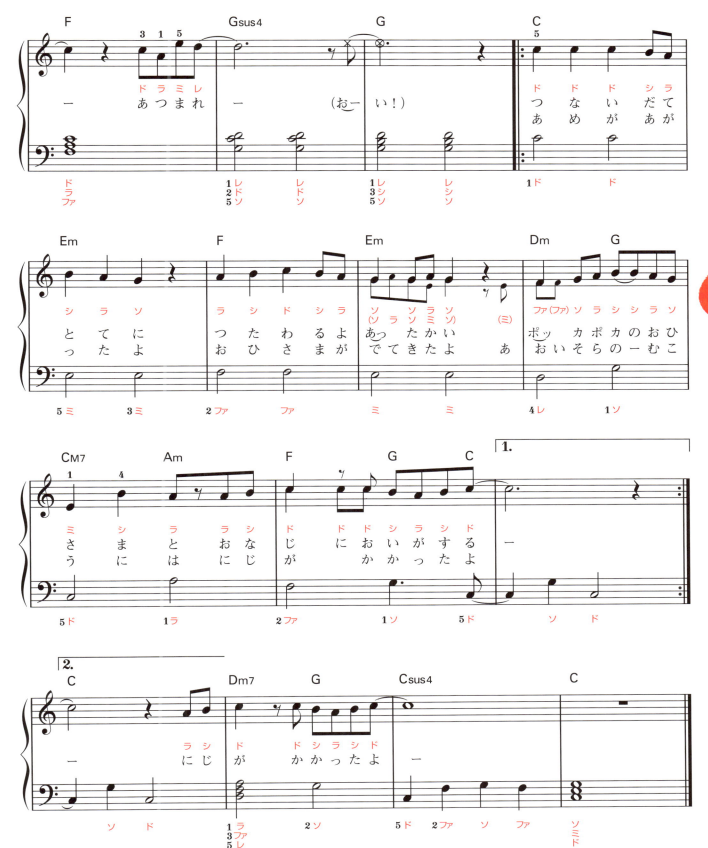

にじのむこうに

7月 たなばたさま

作詞：権藤はなよ　補詞：林　柳波　作曲：下総皖一

弾くときのコツ 全体を通して、穏やかでなめらかに歌うように弾きましょう。13～16小節目は、左手のベースラインの流れを感じながら演奏します。

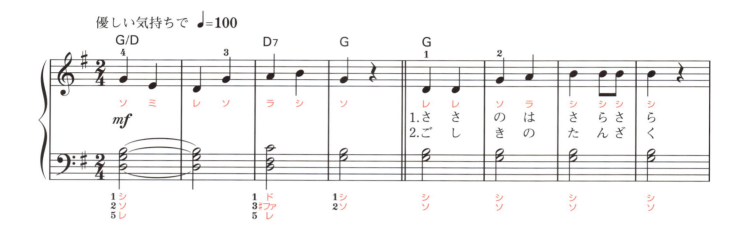
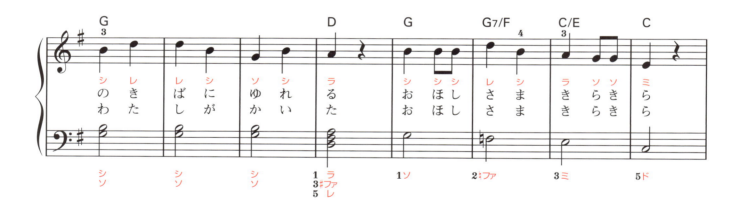
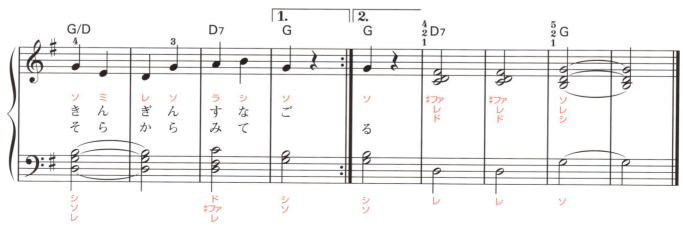

7月 金魚の昼寝

作詞：鹿島鳴秋　作曲：弘田龍太郎

弾くときのコツ　のんびり泳いでいる赤い金魚に、優しく話しかけるような気持ちで弾きましょう。前奏と最後の2小節は、美しいハーモニーを感じてなめらかに。

7月 とんでったバナナ

作詞：片岡 輝　作曲：櫻井 順

弾くときのコツ　前奏はアクセントやスラー、スタッカートを意識して、楽しく弾きましょう。5小節目からの左手は2、4拍目が重くなりすぎないよう軽やかに。

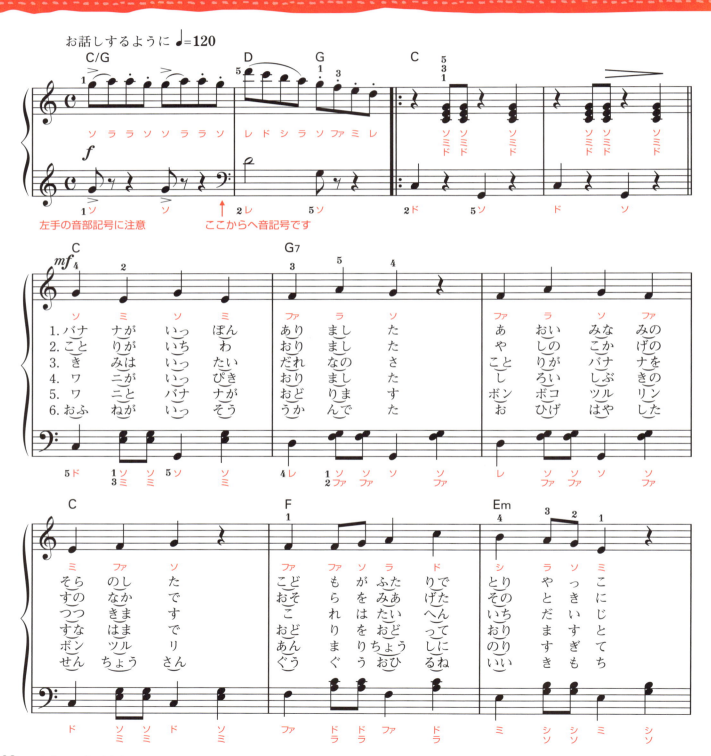

©1985 by NHK Publishing,Inc.（words only）

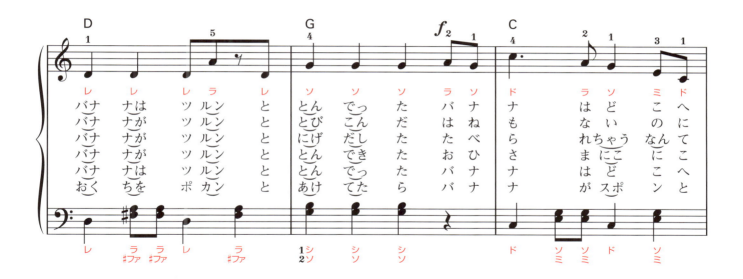
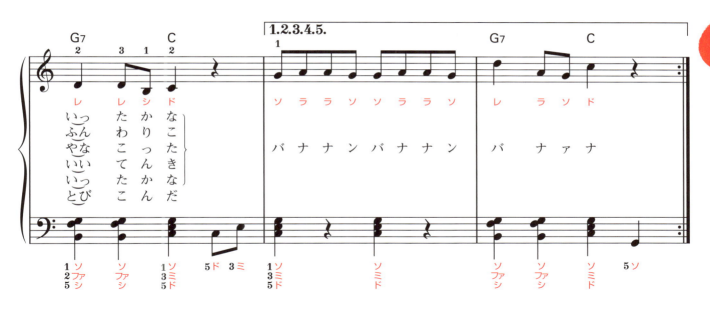
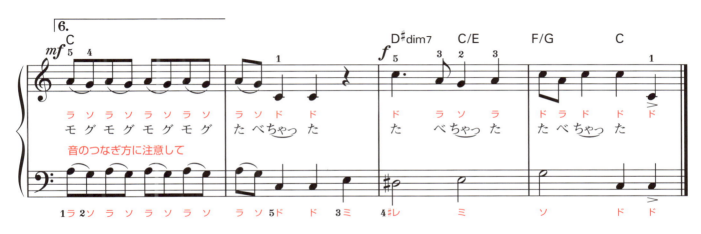

とんでったバナナ

きらきらぼし

訳詞：武鹿悦子　フランス民謡

弾くときのコツ　前奏は空にキラキラと輝く星をイメージしてかわいらしく。7～10小節目の左手は音程に動きがあるので、ポジションを覚えて正確に弾けるようにしましょう。

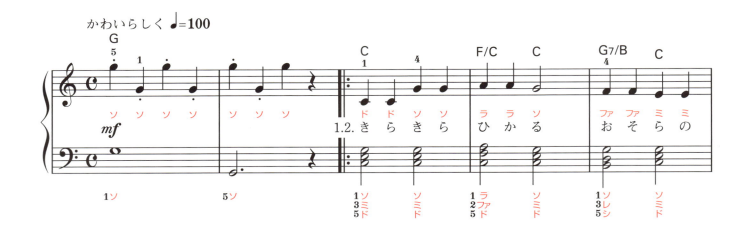

7月 かもめの水兵さん

作詞：武内俊子　作曲：河村光陽

  弾くときのコツ： 13小節目から、16分音符の細かいリズムが出てきます。指が転がらないように、4・5や3・5の運指に気を付けて弾きましょう。

7月 手のひらを太陽に

作詞：やなせたかし　作曲：いずみたく

 弾くときのコツ 元気よく生き生きと弾きます。前奏などコードが2拍ごとに変わる部分は、ハーモニーの違いを感じながら、17～20小節目などは左手の動きをよく覚えて演奏しましょう。

©1965 by ALL STAFF CO.,LTD

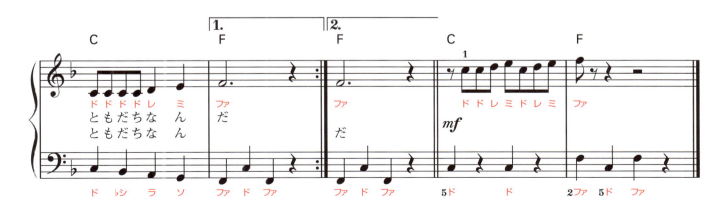

手のひらを太陽に

7月 ぼくのミックスジュース

作詞：五味太郎　作曲：渋谷　毅

 弾くときのコツ　曲の途中で転調があるので、調号をよく見て。11小節目は、 ○（フェルマータ）が付いていますが、子どもたちが歌いやすいように延ばし方を調節しましょう。

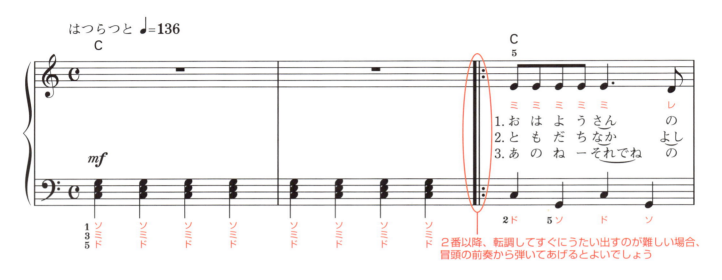

7月 チェッチェッコリ

ガーナ民謡

弾くときのコツ　何回か繰り返す場合は、速度などに変化を付けると楽しくなります。最後の「♪ホンマンチェッチェッ」は元気よく弾きましょう。

① ♪チェッチェッコリ

両手を頭に当て、
腰を左右に振ります。

② ♪チェッコリサ

両手を肩に当て、
腰を左右に振ります。

③ ♪リサッサマンガン

両手を腰に当て、
腰を左右に振ります。

④ ♪サッサマンガン

両手をひざに当て、
腰を左右に振ります。

⑤ ♪ホンマンチェッチェッ

両手を足首に当て、
腰を左右に振ります。

8月 海

作詞：林　柳波　作曲：井上武士

弾くときのコツ　青く広がる大海原を思い浮かべながら、おおらかな気持ちで演奏します。右手のメロディーは、なめらかに歌うように弾きましょう。

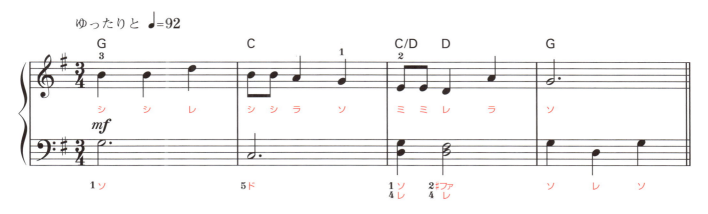

トマト

作詞：荘司 武　作曲：大中 恩

 弾くときのコツ

5小節目などにある16分音符は、一つひとつの音を大切に、ていねいに弾きましょう。前奏・後奏はかわいらしく、おどけた雰囲気が出るように弾くのがポイント。

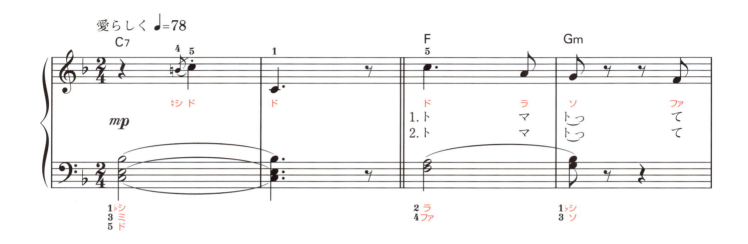

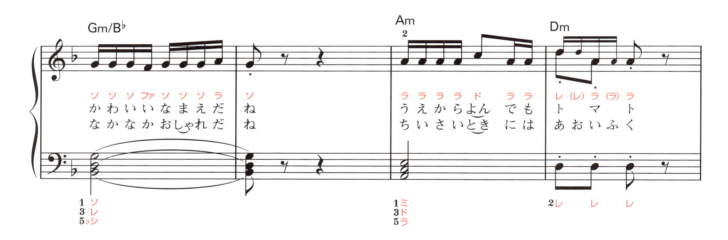

すいかの名産地

作詞：高田三九三　外国曲

弾くときのコツ　左手は正確なテンポでリズムを刻みながら、右手は「♪すいかのめいさんち」などの同音連打をはっきりと弾きましょう。

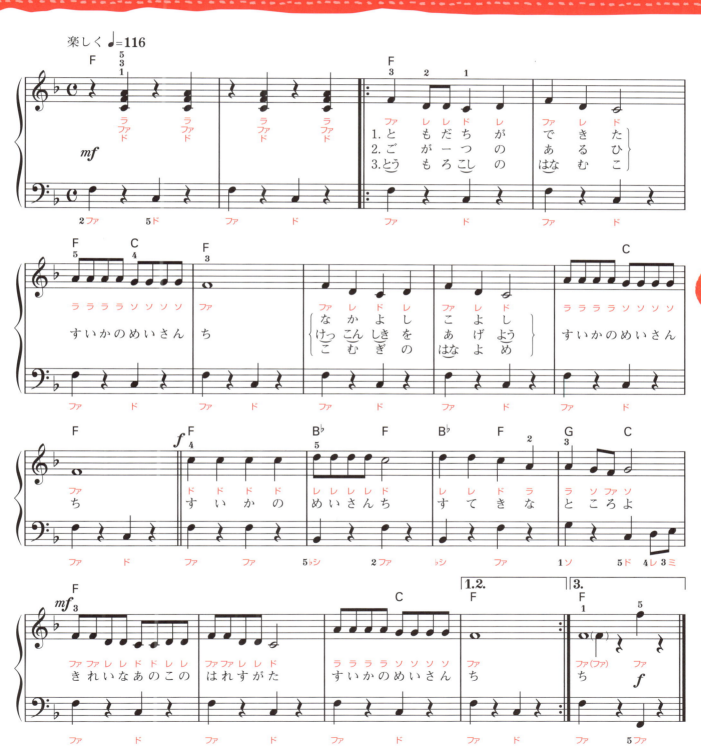

8月 南の島のハメハメハ大王

作詞：伊藤アキラ　作曲：森田公一

 生き生きと演奏しましょう。右手は同音連打がたくさん出てきますが、一つひとつはっきりと弾くイメージで。反復記号にも気を付けましょう。

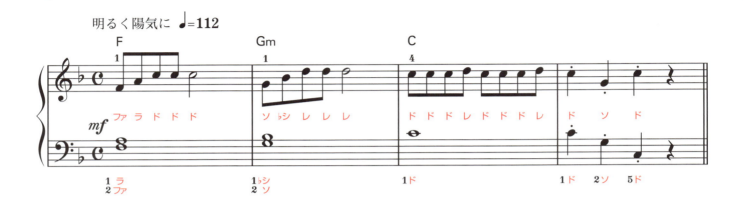

74　南の島のハメハメハ大王　　　　　　　　　　　　　　　　　©1976 by Musical Rights (Tokyo) K.K.

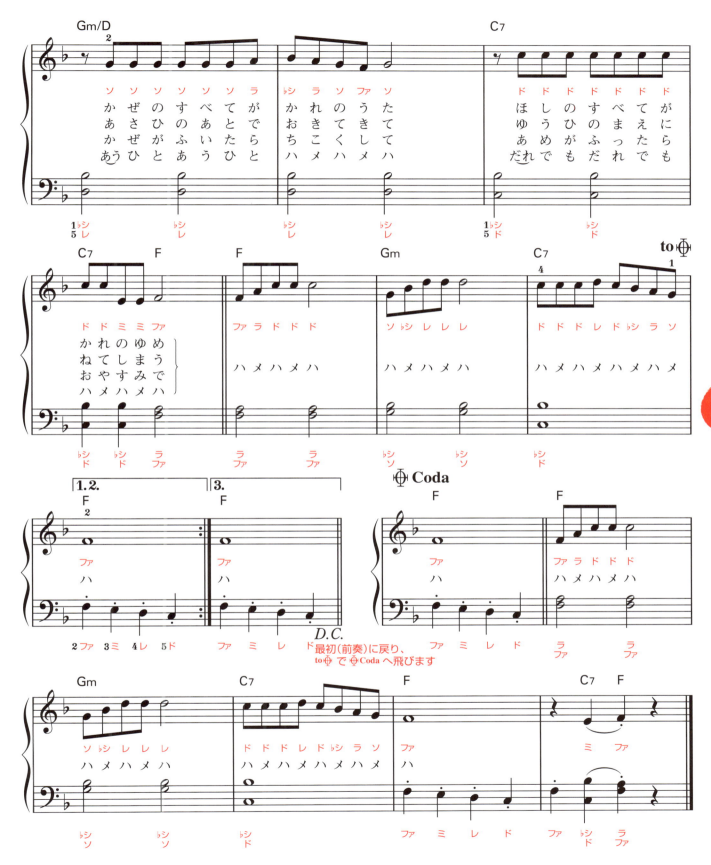

キャンプだホイ

作詞・作曲：マイク真木

 反復記号に気を付けましょう。♪♫のリズムが続くので、転がらないように、落ち着いてはっきりと弾くようにします。

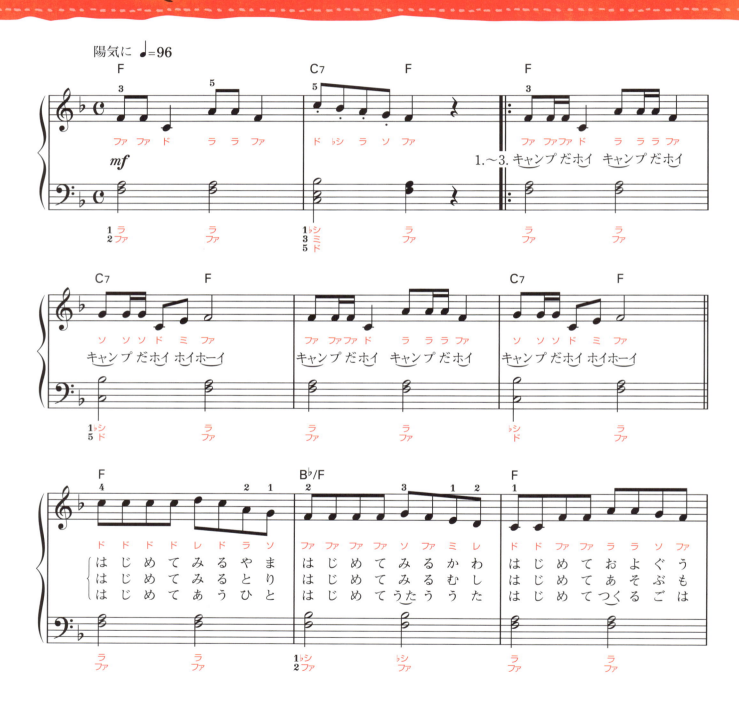

© 1974 by Taiyo Music, Inc.

キャンプだホイ

8月 オバケなんてないさ

作詞：まきみのり　作曲：峯 陽

 同じ音で ♫ を弾く部分や ♩♫ のリズム（1小節目の右手など）は重くなりやすいので、軽いタッチで弾くことを意識しましょう。

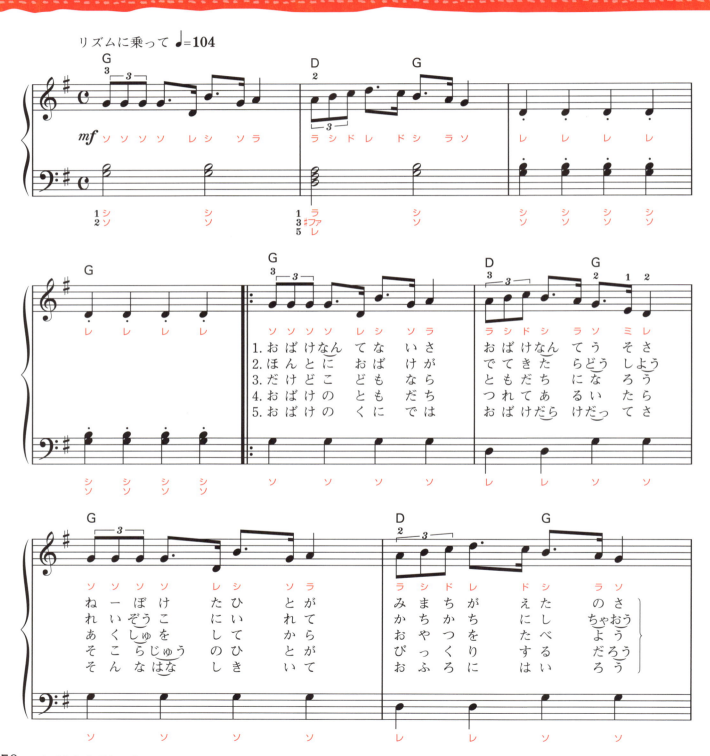

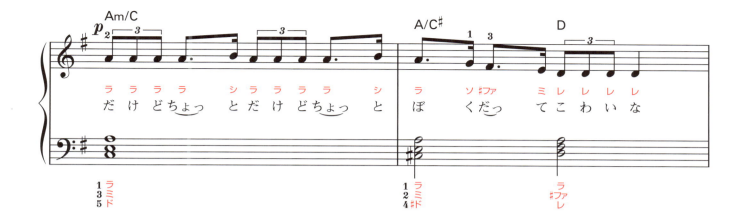

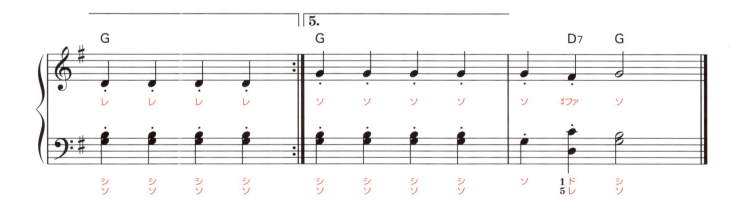

オバケなんてないさ

8月 我は海の子

文部省唱歌

弾くときのコツ: 広大な海を思い浮かべて演奏しましょう。メロディーは4小節をひとまとまりとして捉えて、息の長いフレーズを意識します。

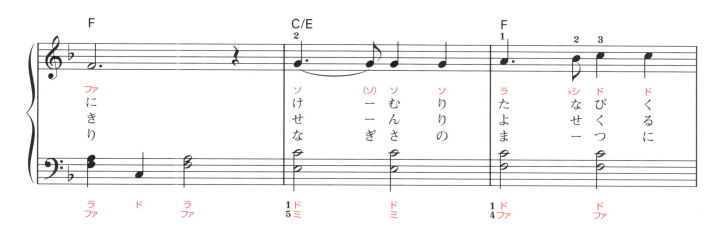
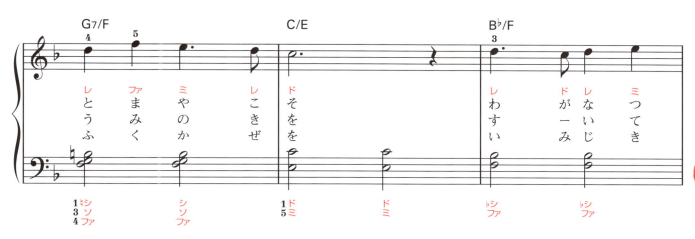
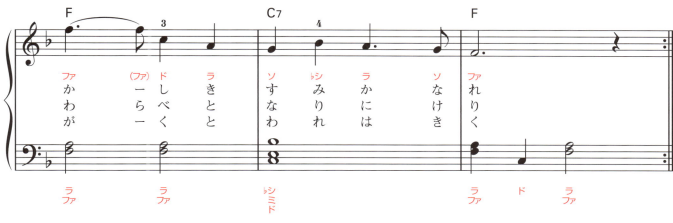

我は海の子

8月 ホ！ホ！ホ！

作詞：伊藤アキラ　作曲：越部信義

 弾くときのコツ 前奏1～3小節目の4拍目の♪♪は、正確なテンポとリズムで。20小節目などのシンコペーションもリズミカルに弾けるとよいでしょう。

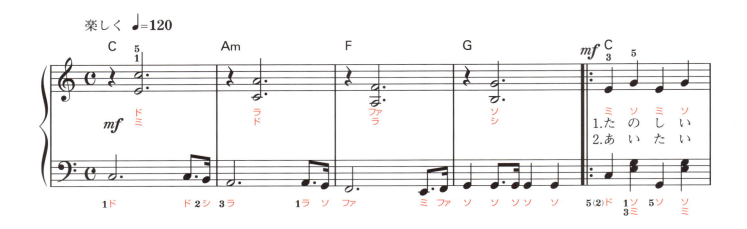

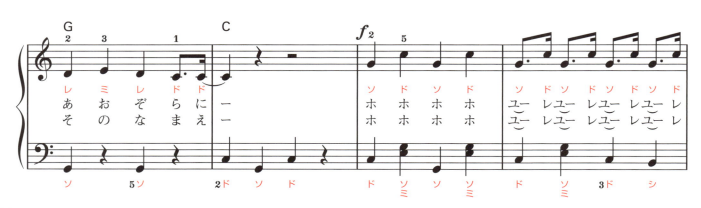

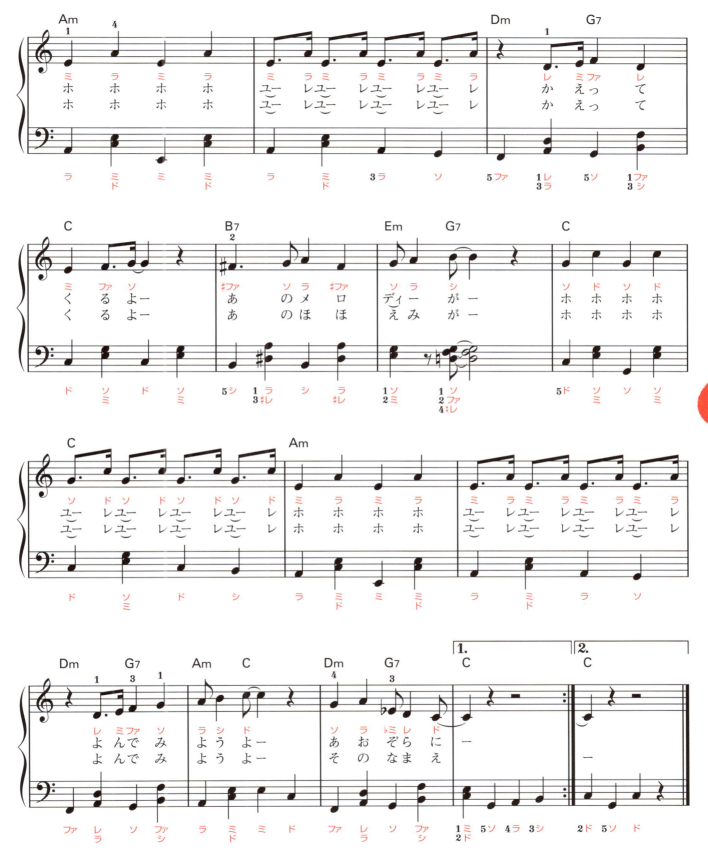

くじらのとけい

8月

作詞：関 和男　作曲：渋谷 毅

 弾くときのコツ

♫ のリズムを軽快に弾き、19、22小節目のユニゾンは遅れないように気を付けて。16小節目の「♪くじら」の音は、楽譜どおりの高さで歌わなくてもOKです。

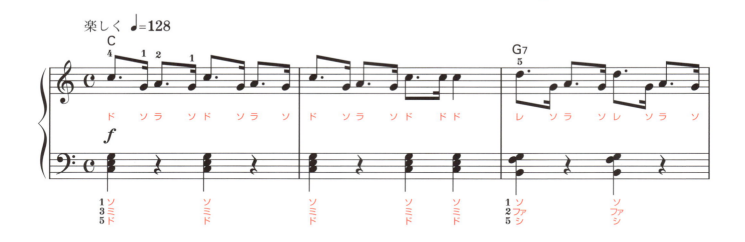

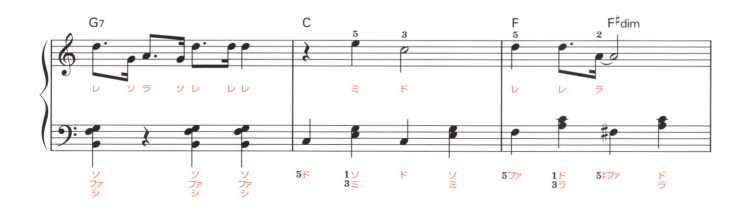

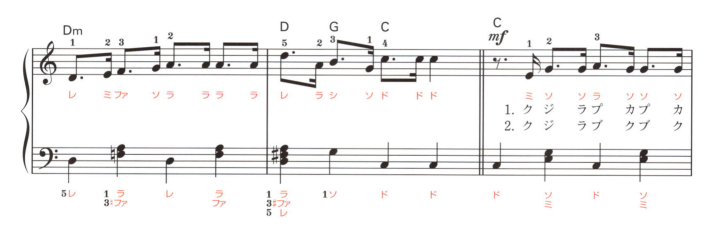

84　くじらのとけい　　　　　　　　　　　　　　　　　　　©1982 by NHK Publishing, Inc.

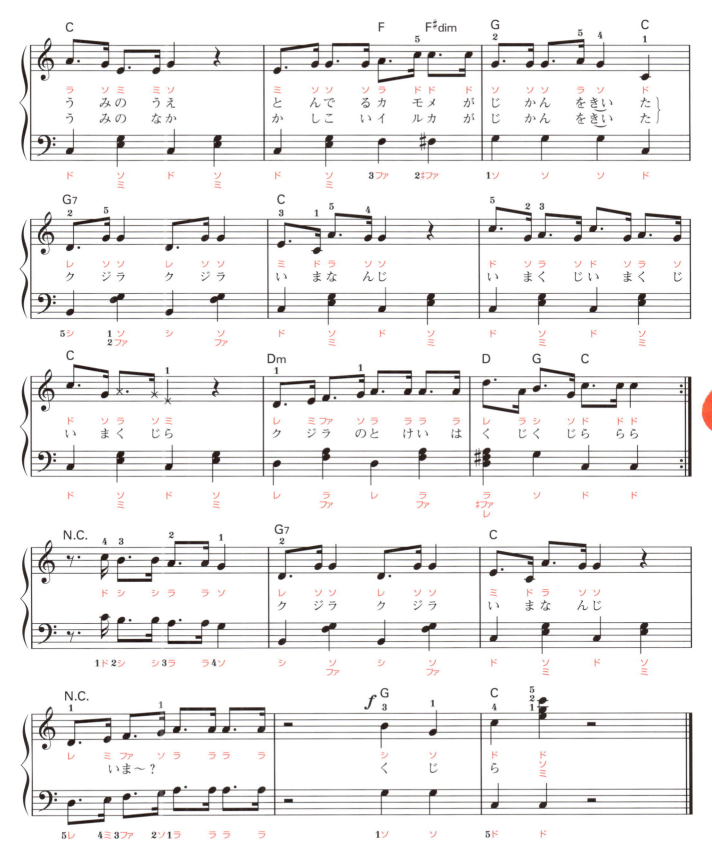

9月 赤とんぼ

作詞：三木露風　作曲：山田耕筰

弾くときのコツ　右手、左手ともに旋律をなめらかに奏でるために、指番号に気を付けて。1、5小節目の左手は5の指で「ファ」を保持しながら、3・2の指で「ラ・♭シ」をスムーズに弾きます。

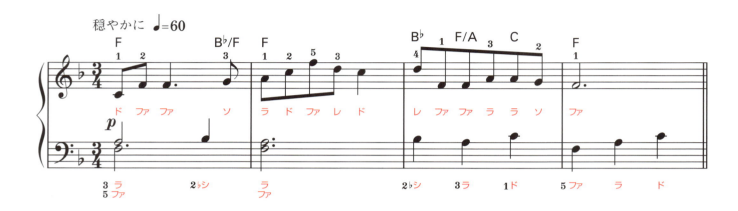

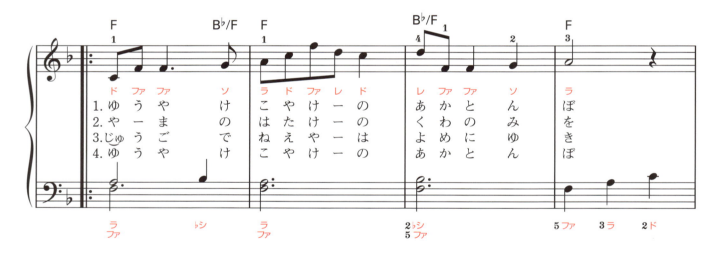

86　赤とんぼ

9月 村祭
文部省唱歌

弾くときのコツ 前奏・後奏は、祭りのお囃子の音をイメージしながら演奏します。「♪ドンドンヒャララ」の部分はスタッカートを意識して元気よく、リズムを正確に弾けるとよいでしょう。

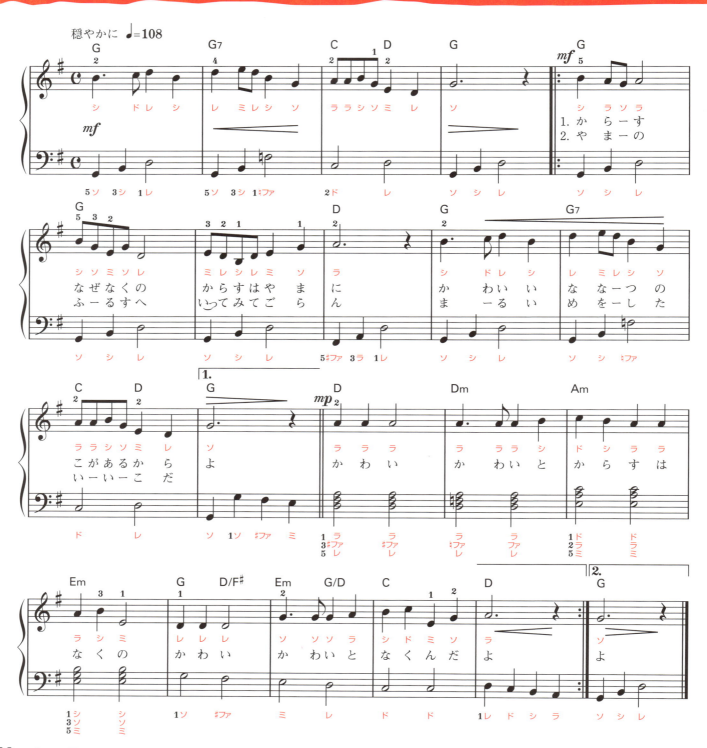

9月 虫のこえ

文部省唱歌

弾くときのコツ: 9～10、15～16小節目は、右手と左手が同じリズムで美しいハーモニーを奏でるようになっています。虫の鳴き声をイメージしながら、かわいらしく弾きましょう。

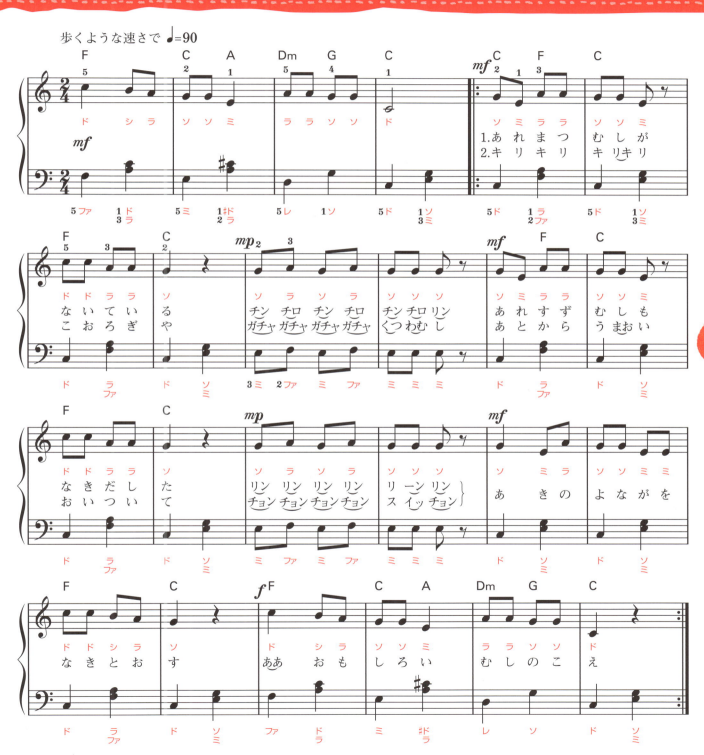

9月 うさぎ

文部省唱歌

弾くときのコツ: 琴をつま弾いているようなイメージで演奏しましょう。14～15小節目のアルペジオは、柔らかく響かせます。

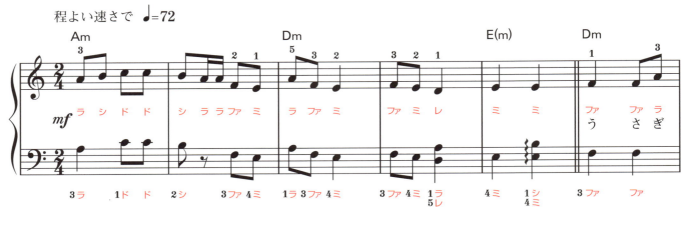

9月 兎のダンス

作詞：野口雨情　作曲：下総皖一

弾くときのコツ: 全体を通して、一定のリズムを保ってリズミカルに演奏できるよう、心がけましょう。左手をしっかり打鍵すると、メロディーも弾きやすくなります。

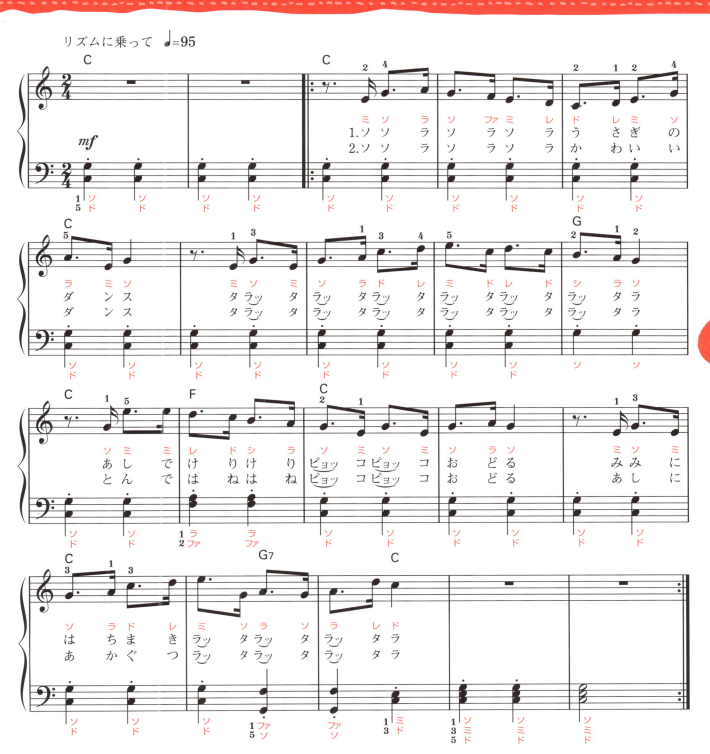

9月 つき

文部省唱歌

弾くときのコツ: シンプルで親しみやすいメロディーです。右手は♩♪のリズムに気を付けて、左手は7小節目から動きが増えるので、注意して弾きましょう。

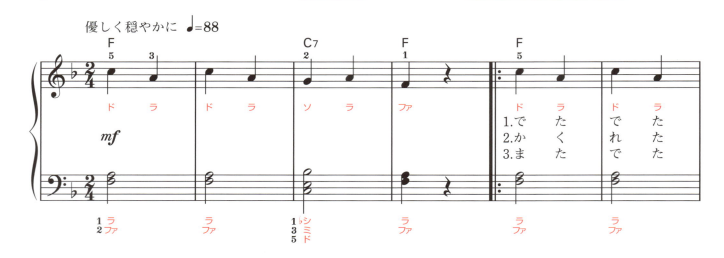
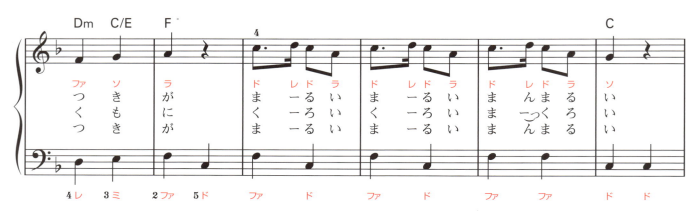
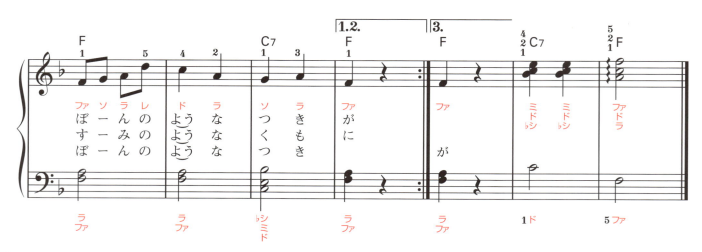

9月 山の音楽家

訳詞：水田詩仙　ドイツ民謡

弾くときのコツ　12～16小節目の楽器の音を繰り返し歌う部分は、前半は大きい音 f（フォルテ）で、後半は小さい音 p（ピアノ）で、というように、めりはりを付けて演奏しましょう。

9月 十五夜お月さん

作詞：野口雨情　作曲：本居長世

弾くときのコツ
1、2、3番で左手のパターンが少しずつ異なります。表情を変えながら演奏し、3番はテンポを落として情感たっぷりと弾きましょう。

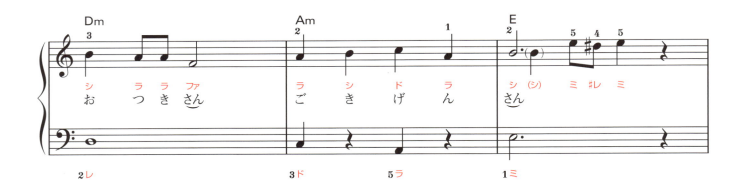

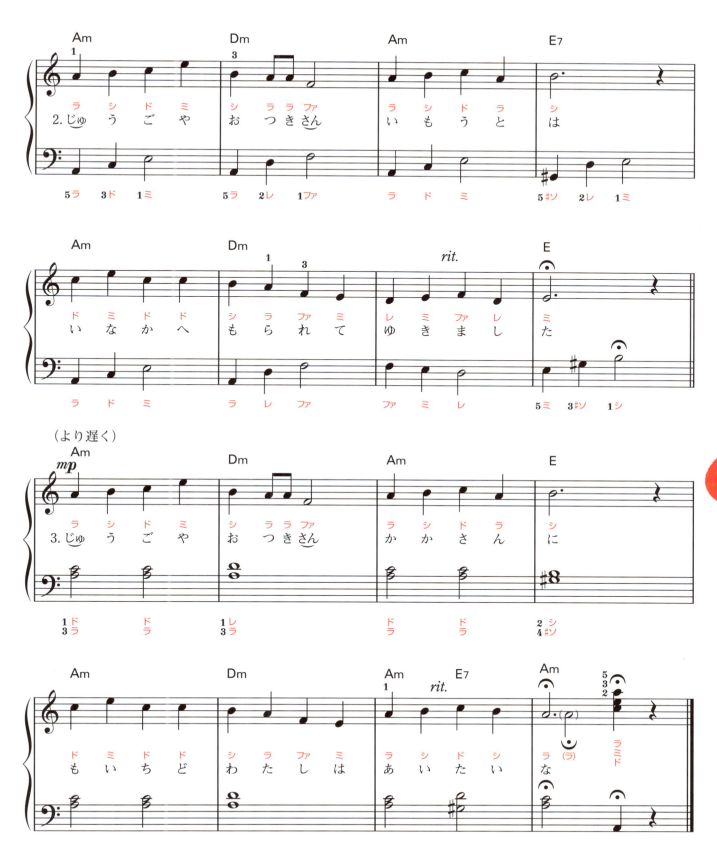

9月 パレード

作詞：新沢としひこ　作曲：中川ひろたか

弾くときのコツ　♩♩＝♩♪ で書かれているので、8分音符のリズムは跳ねるように演奏します。左手は休符を意識しながら軽快に拍を刻み、アルペジオは柔らかく響かせましょう。

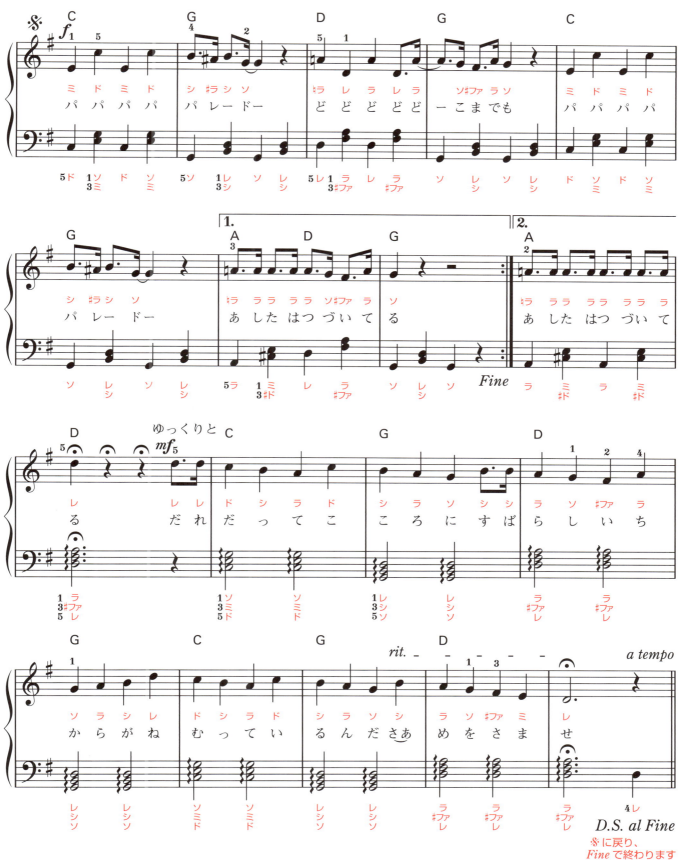

10月 どんぐりころころ

作詞：青木存義　作曲：梁田 貞

弾くときのコツ　5小節目の右手は、1番と2番でリズムが変わるので気を付けて。16分音符が続くところは、音が転ばないように落ち着いて正確に弾きましょう。

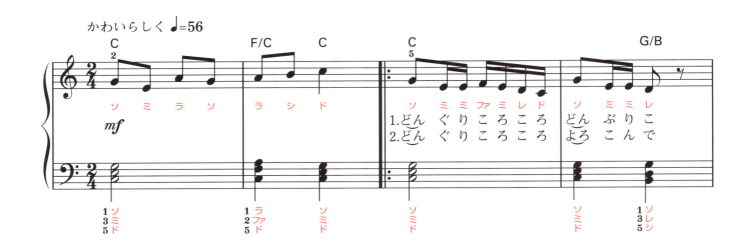

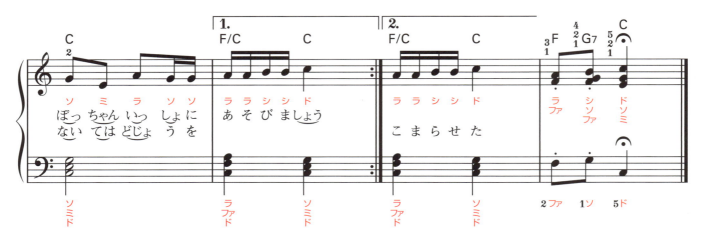

10月 紅葉（もみじ）

作詞：髙野辰之　作曲：岡野貞一

弾くときのコツ　メロディーの美しい流れを大切にしながら、2小節をひとまとまりに感じて弾きましょう。
11〜14小節目は少し盛り上がって、情感を込めます。

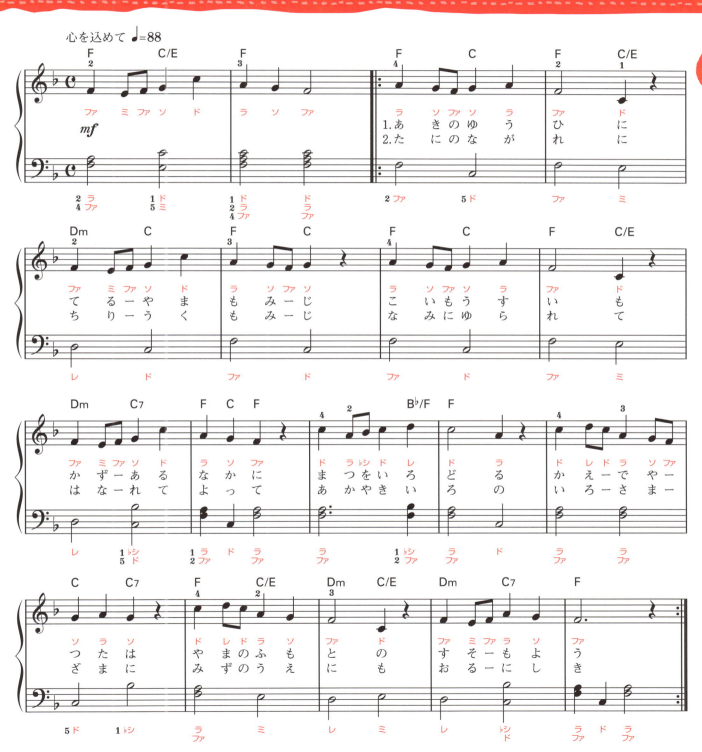

紅葉（もみじ）　99

10月 まっかな秋

作詞：薩摩　忠　作曲：小林秀雄

弾くときのコツ　5～6小節目は、「♪まっかだな」の右手の8分休符をしっかりと感じながら弾きます。11小節目からは、しっとりとした雰囲気で演奏できるとよいでしょう。

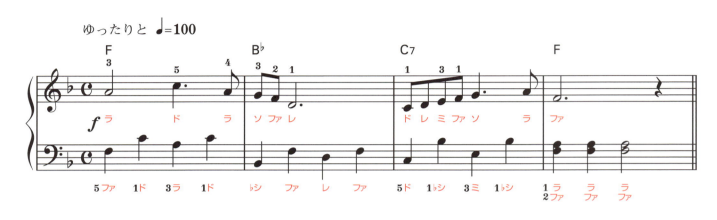

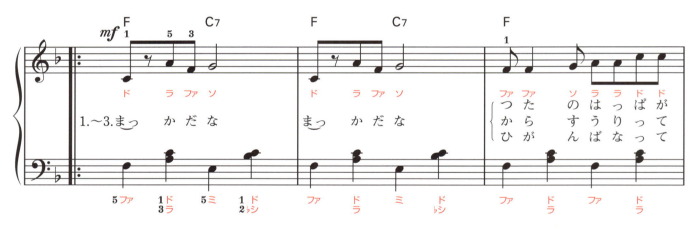

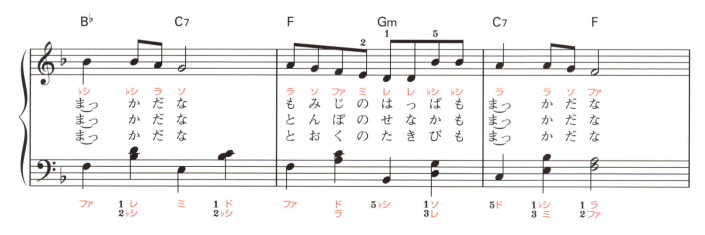

100　まっかな秋

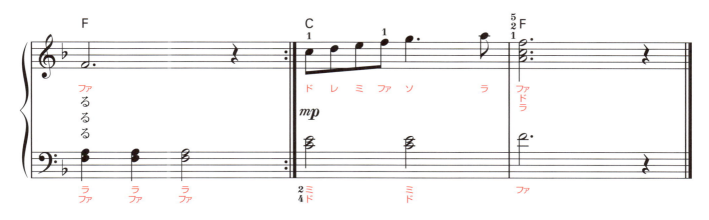

まっかな秋

10月 線路は続くよどこまでも

訳詞：佐木 敏　アメリカ民謡

弾くときのコツ　スタッカートを意識して、歯切れよく弾きましょう。同じリズムパターンが続くので、テンポが乱れないよう、しっかりと拍を刻むように注意して。

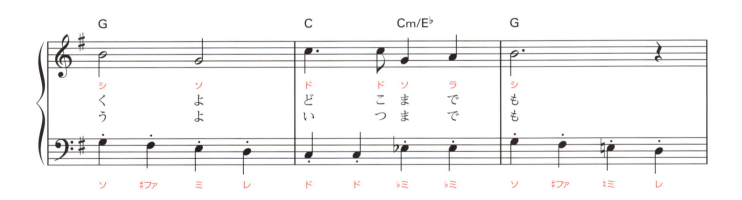

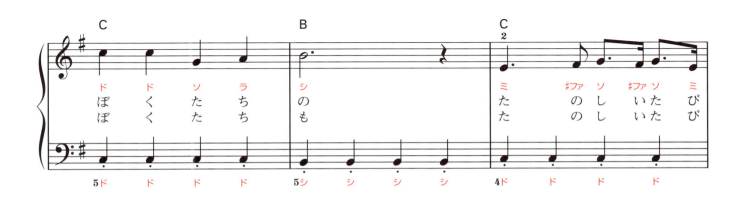

線路は続くよどこまでも

10月 きのこ

作詞：まど・みちお　作曲：くらかけ昭二

弾くときのコツ 27〜30小節目は、きのこが伸びていく様子を半音階的にユニークに表現した部分です。臨時記号と指番号に気を付けて弾きましょう。

©1978 by Jiyu Gendai Pubulishing Co,Ltd

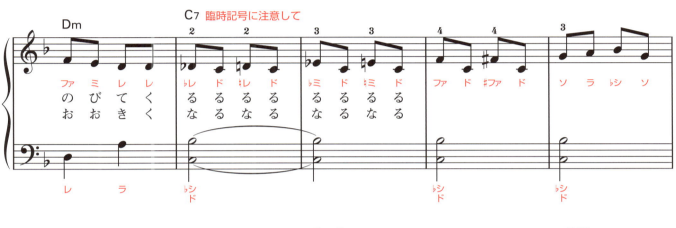

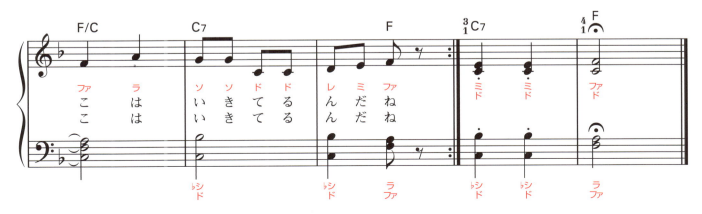

きのこ

10月 おてらのおしょうさん

わらべうた

弾くときのコツ 3つのコードのみでできているシンプルな曲です。11小節目から拍子がつぎつぎと変わるので気を付けて弾きましょう。

1 ♪ せっせっせの

両手をつないで、上下に振ります。

2 ♪ よいよいよい

手をつないだまま交差させます。

3 ♪ お

左手の手のひらを上向きにして、右手で1回たたきます。

10月

4 ♪ て

右手で相手の左手の手のひらをたたきます。

5 ♪ らのおしょうさんがかぼちゃのたねをまきま
③・④を繰り返します。

6 ♪ し

③と同じようにします。

7 ♪ た

お互いの両手を合わせます。

8 ♪ めがでて

両手を合わせます。

9 ♪ ふくらんで

両手をふくらませます。

10 ♪ はながさいたら

手を広げて、花が咲いたような形にします。

11 ♪ じゃんけん

両手をグーにして回します。

12 ♪ ぽん

じゃんけんをします。

おてらのおしょうさん 107

10月 松ぼっくり

作詞：広田孝夫　作曲：小林つや江

弾くときのコツ 落ち着いたテンポで、穏やかに語りかけるように演奏します。右手のメロディーは一つひとつの音をていねいに弾くよう心がけましょう。

10月 大きな栗の木の下で

訳詞：不詳　イギリス民謡

 最初は遅めのテンポで伴奏し、子どもが慣れてきたら、テンポを次第に速くしながら繰り返し演奏するとおもしろいでしょう。左手の和音は重くならないように。

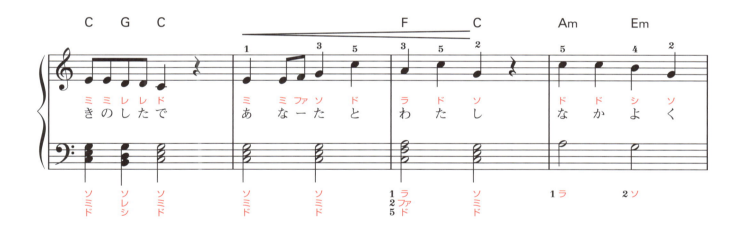

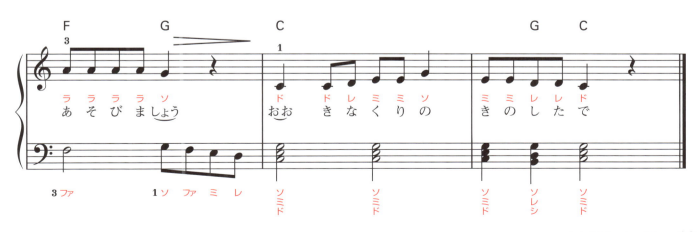

大きな栗の木の下で　109

よーい・どん！

作詞：新沢としひこ　作曲：中川ひろたか

弾くときのコツ　左手のパートは、7小節目、15小節目でリズムパターンが変わり、どんどん盛り上がっていきます。24小節目からのサビは、かけっこのスタートのように勢いよく弾きましょう。

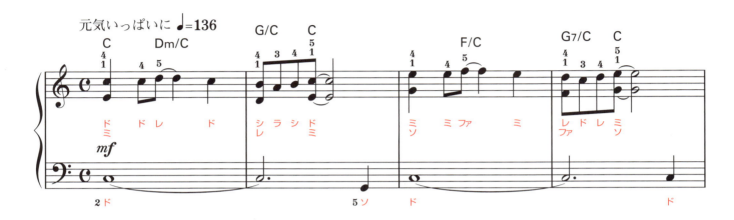

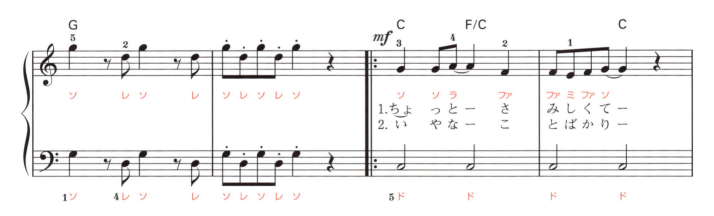

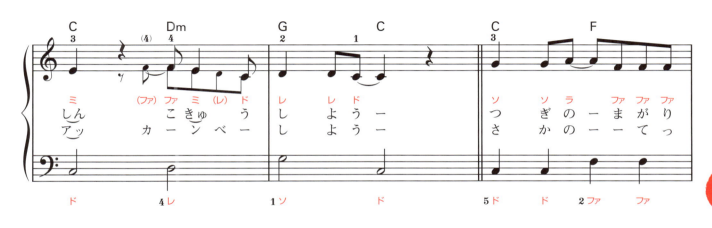

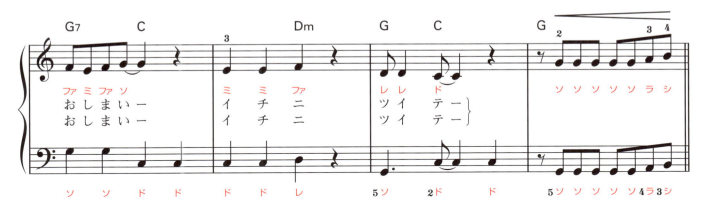

よーい・どん！

11月 たき火

作詞：巽 聖歌　作曲：渡辺 茂

弾くときのコツ　「♪あたろうか　あたろうよ」の部分は子どもが会話をしている雰囲気が出るように、表現を工夫して。後奏はハーモニーの美しさを感じながら弾きましょう。

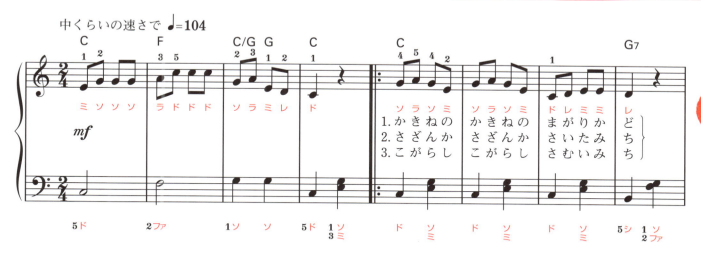

11月 やきいもグーチーパー

作詞：阪田寛夫　作曲：山本直純

弾くときのコツ　右手の指番号に気を付けて弾きます。子どもたちが歌いやすいよう、メロディーをはっきりと、♩♪のリズムも軽やかに弾きましょう。

1 ♪ やきいもやきいも おなかが

手を6回たたきます。

2 ♪ グー

両手をグーにし、おなかを押さえます。

3 ♪ ほかほか ほかほか

両手を上に向け、
左右交互に上下に動かします。

4 ♪ あちちのチー

両手を下に向けて振り、
両手をチョキにして下向きにします。

5 ♪ たべたらなくなる なんにも

両手で焼きいもを持って
食べるまねをします。

6 ♪ パー それ

両手をパーにして出します。

7 ♪ やきいも まとめて

手を4回たたきます。

8 ♪ グーチーパー

グー、チョキ、パーを ❷、❹、❻ の形で順番に出します。

11月 小ぎつね

訳詞：勝 承夫　ドイツ民謡

スタッカートは短く切って、かわいらしい雰囲気が出るように弾きます。強弱にも気を付けて。
曲の最後は、𝄐（フェルマータ）が付いた音を少し長めに延ばして、落ち着いて終わりましょう。

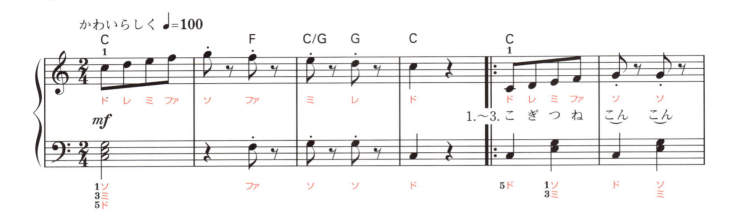

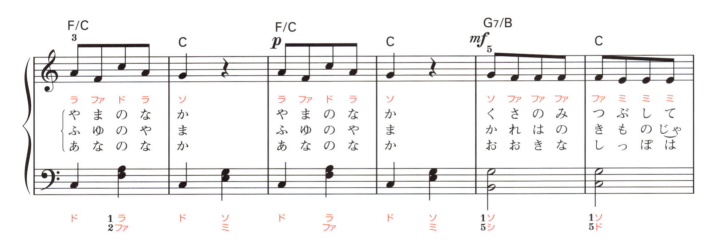

11月 いとまきのうた

訳詞：不詳　デンマーク民謡

弾くときのコツ 速すぎないテンポで演奏します。「♪まきまき」の右手はなめらかに、「♪とんとんとん」はかわいらしい雰囲気で弾けるとよいでしょう。

11月 とおりゃんせ

わらべうた

弾くときのコツ: 細かいリズムが多い右手のパートは、歌いながら練習すると覚えやすいでしょう。16分音符が転ばないように気を付けて。

11月 夕日

作詞：葛原しげる　作曲：室崎琴月

弾くときのコツ　夕日が沈む様子を思い浮かべながら、一音一音、元気よく弾きましょう。左手は5、17小節目でポジションが移動するので、指番号に気を付けましょう。

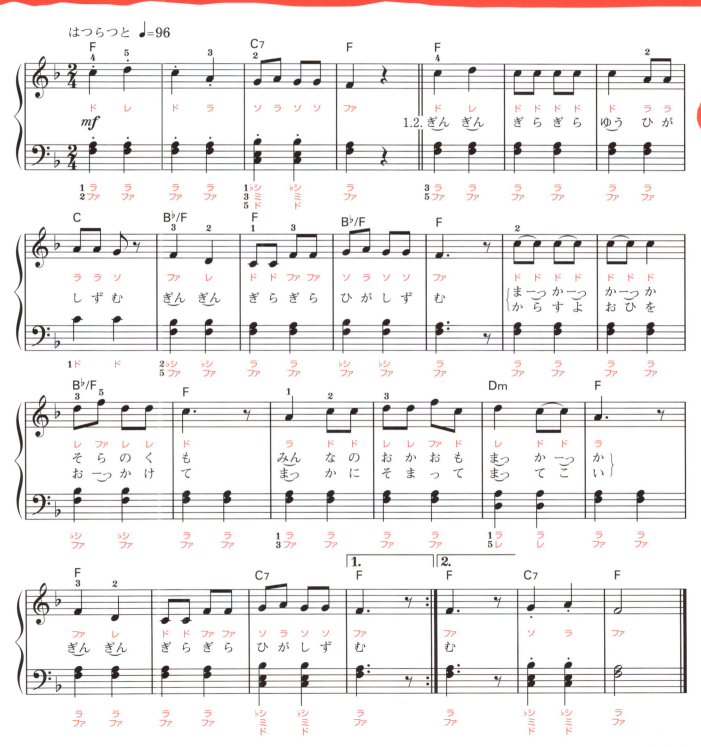

11月 しょうじょう寺のたぬきばやし

作詞：野口雨情　作曲：中山晋平

弾くときのコツ　前奏・間奏の右手「ミレド」「ドラソ」は、16分休符を正しく感じて遅れないようにしましょう。左手は全体的に重くならないように気を付けて。

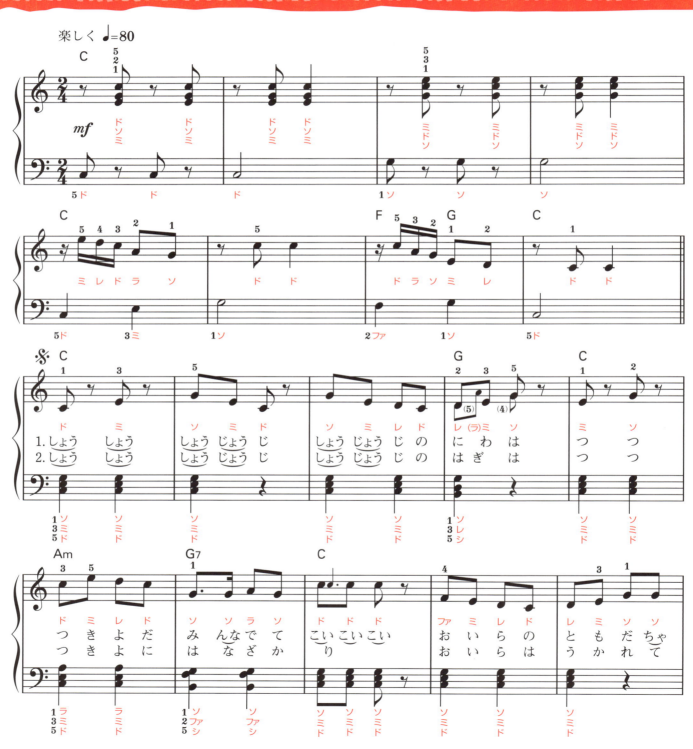

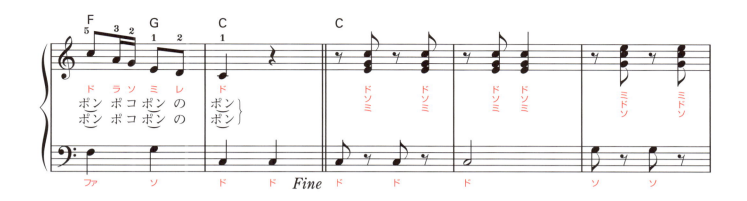

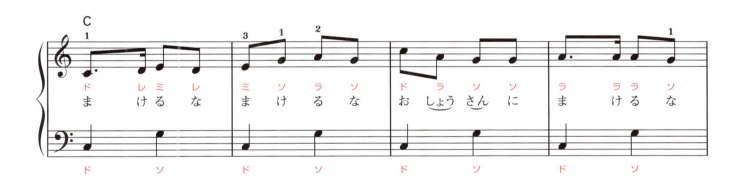

しょうじょう寺のたぬきばやし

11月 シンデレラのスープ

作詞：小黒恵子　作曲：中村勝彦

弾くときのコツ　前奏の右手はやや細かい動きですが、なめらかに弾きます。14〜16小節目などは左手も表情豊かに。3番は強弱を大きくして演奏してもよいでしょう。

シンデレラのスープ 123

11月 赤鬼と青鬼のタンゴ

作詞：加藤 直　作曲：福田和禾子

 24小節目からのサビが、この曲の一番タンゴらしい部分です。可能であれば、全体を通して強弱記号やスタッカートを意識し、より表情豊かに演奏しましょう。

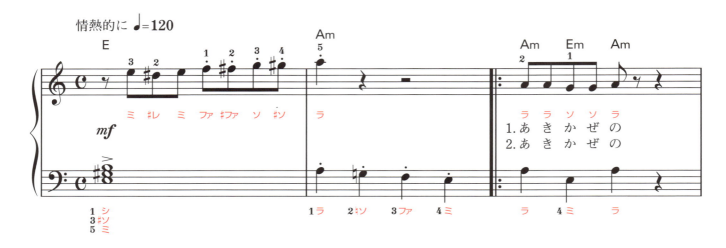

124　赤鬼と青鬼のタンゴ

© 1977 by NHK Publishing,Inc.

赤鬼と青鬼のタンゴ 125

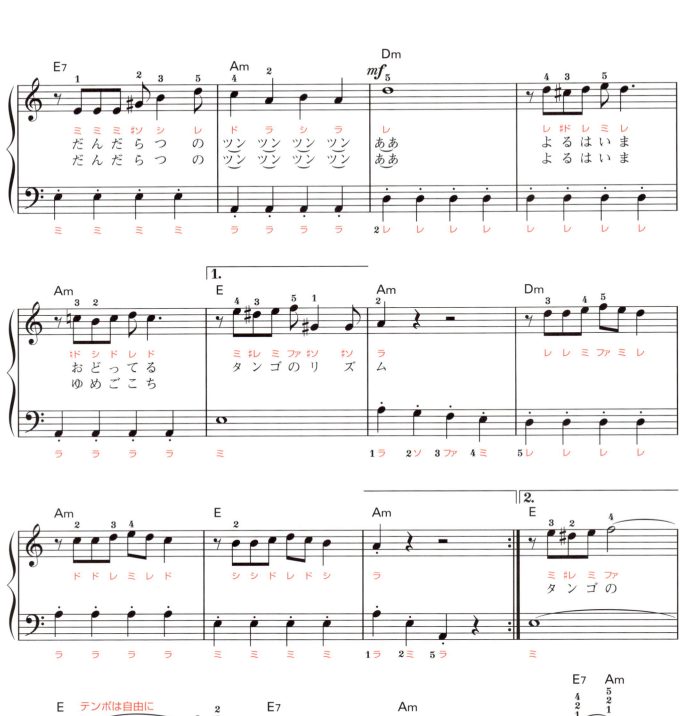
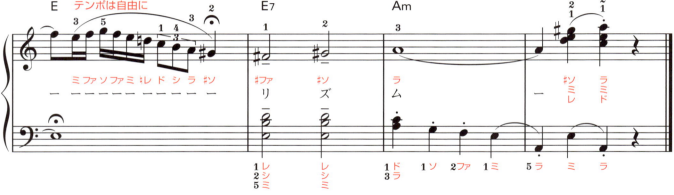

126　赤鬼と青鬼のタンゴ

12月 おもちゃのマーチ

作詞：海野　厚　作曲：小田島樹人

 テンポを一定に保ちながら、かわいらしい雰囲気で演奏しましょう。後奏の♪の音は、スタッカートよりもやや長く音を保って切るイメージで。

12月 あわてん坊のサンタクロース

作詞：吉岡 治　作曲：小林亜星

弾くときのコツ　2／2拍子のリズムに乗って、クリスマスの楽しくワクワクするような気持ちで軽快に。
10～12小節目は左手の臨時記号に気を付けて弾きましょう。

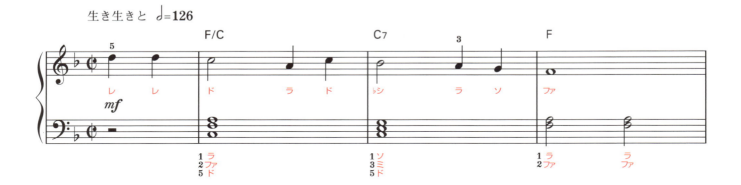

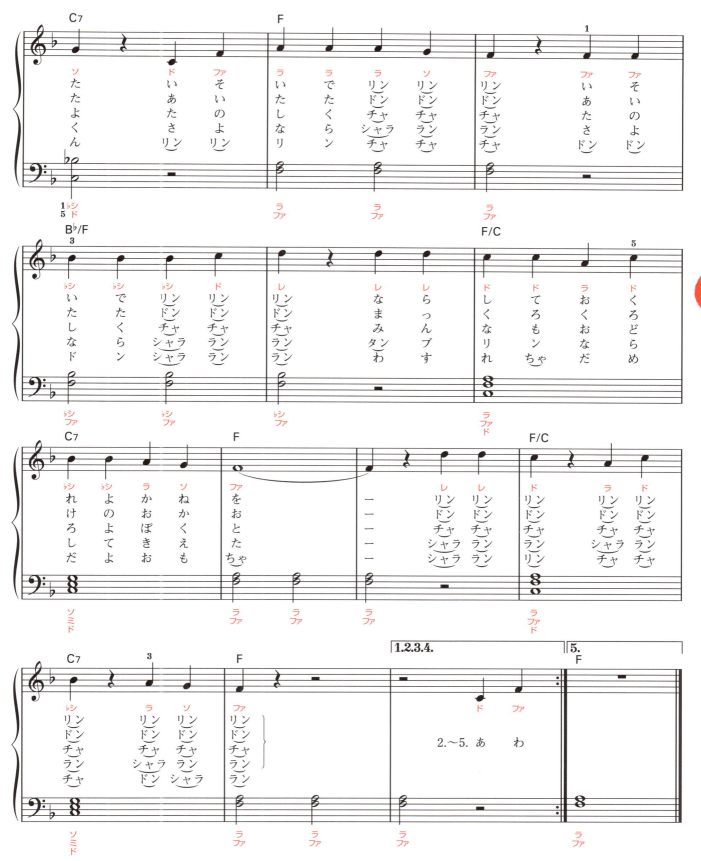

あわてん坊のサンタクロース

ジングルベル

12月

訳詞：宮澤章二　　作詞・作曲：Ｊ・Ｓ・ピアポント

 左手の4分音符は、テンポが乱れないように正確に刻んで。右手は、「♪はしれ」「♪かぜの」などの8分音符のアウフタクトが遅れないように注意しましょう。

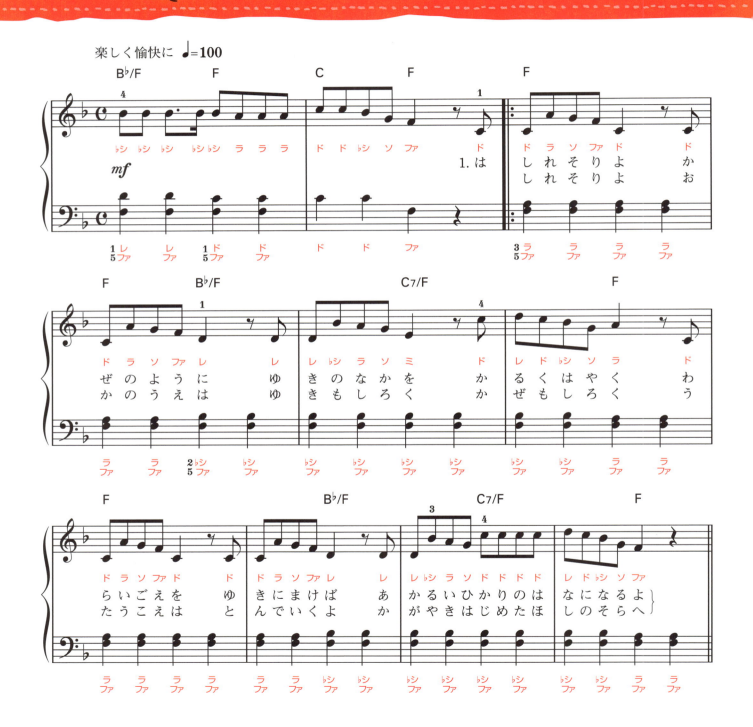

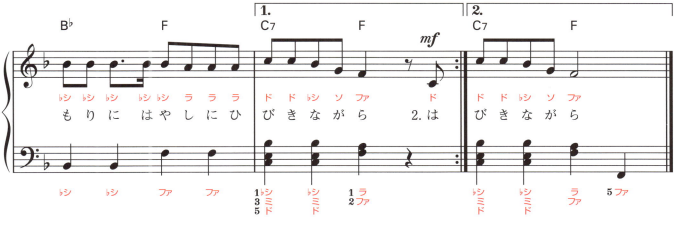

ジングルベル 131

12月 赤鼻のトナカイ

訳詞：新田宣夫　作詞・作曲：J・D・マークス

弾くときのコツ　1、2小節目の8分音符は鈴の音をイメージして軽やかに。クリスマスのウキウキした感じが出るように、全体的に弾んで（♪♪ = ♪³♪のリズムで）演奏しましょう。

132　赤鼻のトナカイ

12月 おもちゃのチャチャチャ

作詞：野坂昭如　補詞：吉岡　治　作曲：越部信義

 チャチャチャのリズムに乗って、楽しく演奏しましょう。一つひとつの音をやや跳ねるように意識して弾くと、陽気な感じが出ます。

134　おもちゃのチャチャチャ

おもちゃのチャチャチャ

12月 うさぎ野原のクリスマス

作詞：新沢としひこ　作曲：中川ひろたか

弾くときのコツ　♪♪ ＝ ♪♪ で書かれているのでスウィングを付けますが、転がりすぎないように。前奏や「♪ ほしはキラキラ…」からの左手は、8分休符を正しく感じてノリよく弾きましょう。

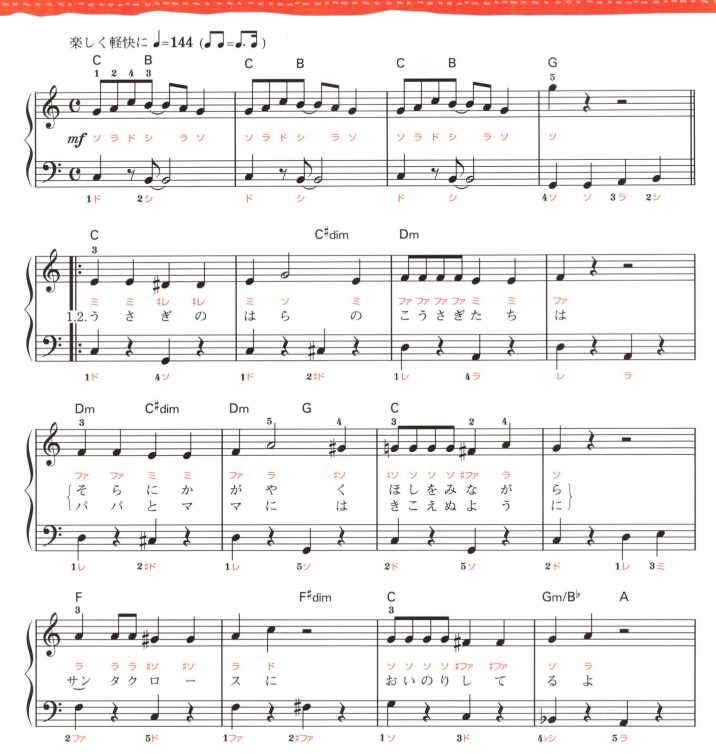

12月 ひいらぎかざろう

作詞：松崎 功　ウェールズ民謡

 弾くときのコツ 全体を通して、メロディーは弾むように楽しく演奏しましょう。右手はときどき指がクロスするので、指番号に気を付けて。

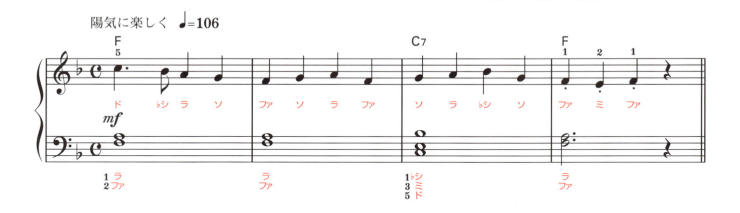

ひいらぎかざろう 139

12月 きよしこの夜

訳詞：由木　康　作曲：F.X.グリューバー

弾くときのコツ　敬けんな気持ちで穏やかに演奏しましょう。11〜12小節目の「♪ねむりたもう」は盛り上がるところです。後奏は次第に音が消えていくように弾くときれいでしょう。

12月 お正月

作詞：東　くめ　作曲：滝　廉太郎

9〜12小節目で歌詞の言葉の数が多くなるので、メロディーは急がないようにはっきりと弾きましょう。「ファファレドドド」などの同音連打は、音が転ばないように。

1月 一月一日

作詞：千家尊福　作曲：上 真行

弾くときのコツ 明るく生き生きと弾きましょう。右手はなめらかに、左手は分散和音がバタバタとうるさくならないように気を付けながら弾きます。

1月 富士山

作詞：巌谷小波　文部省唱歌

 雄大にそびえる富士山のように、堂々とおおらかなイメージで演奏しましょう。4小節をひとまとまりとして感じながら弾きます。

富士山　143

1月 故郷（ふるさと）

作詞：髙野辰之　作曲：岡野貞一

弾くときのコツ　全体的になめらかに、穏やかな気持ちで演奏しましょう。2番は左手のパターンが少し変わりますが、1、3番と同じでもかまいません。

故郷 (ふるさと)

1月 北風小僧の寒太郎

作詞：井出隆夫　作曲：福田和禾子

 歩くような速度で陽気に弾きます。右手は♩♪のリズムが転ばないように気を付けて。左手はポジションをよく覚えて一定のテンポを保ちましょう。

あまり速すぎないように ♩=120

146　北風小僧の寒太郎

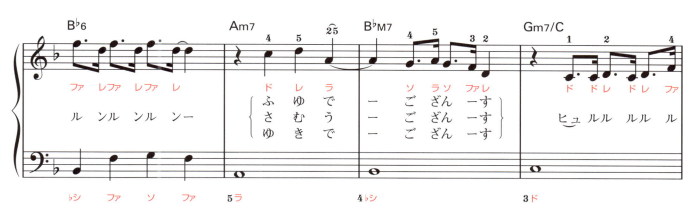
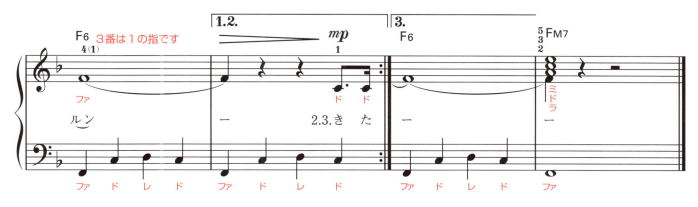

北風小僧の寒太郎

1月 たこのうた

文部省唱歌

弾くときのコツ: 楽しくたこあげをしている様子を表現できるよう、右手は生き生きと伸びやかに。左手の4分音符は優しく打鍵し、メロディーを支えましょう。

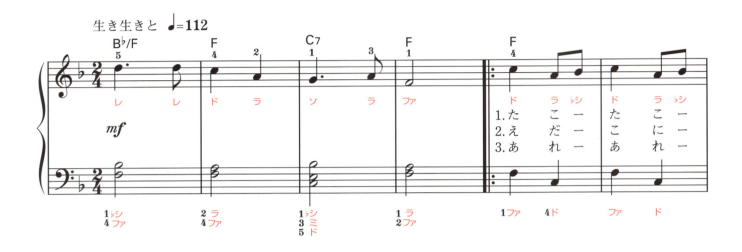

1月 やぎさんゆうびん

作詞：まど・みちお　作曲：團 伊玖磨

 弾くときのコツ　16小節目に呼吸記号（∨）があります。子どもたちの歌と同じように、伴奏も∨で区切って弾きましょう。右手の指番号にも気を付けましょう。

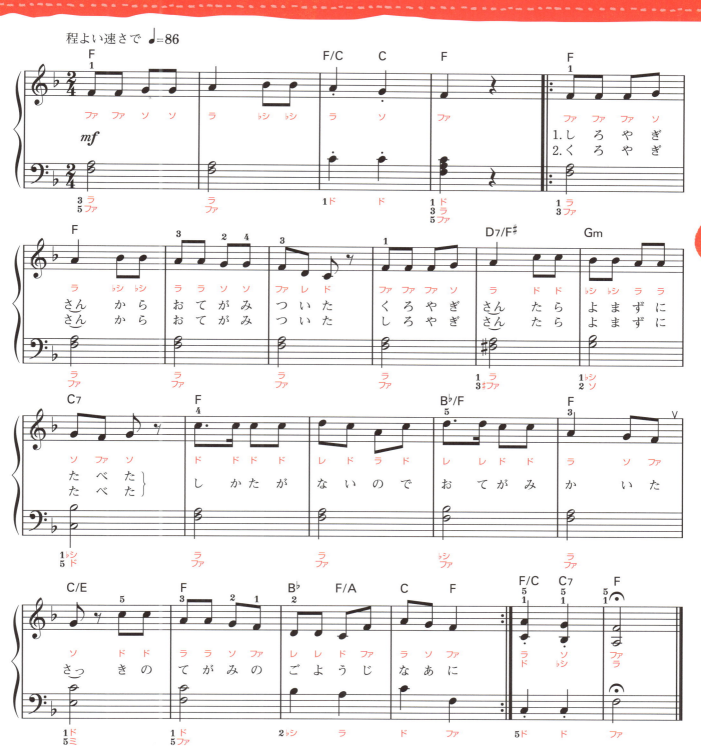

1月 カレンダーマーチ

作詞：井出隆夫　作曲：福田和禾子

弾くときのコツ 左手の4分音符は重くならないよう歯切れよく刻んで。右手は、明るく軽いタッチでリズムに乗って弾きましょう。

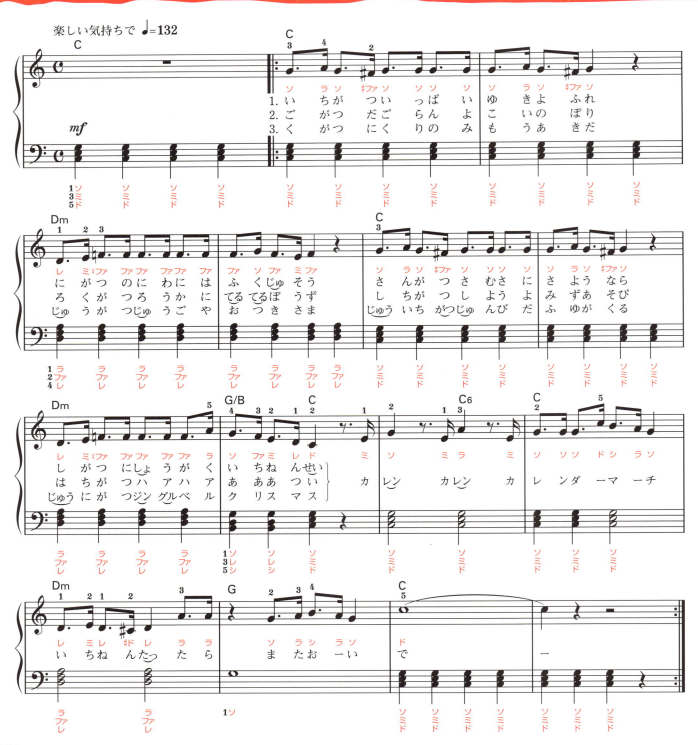

2月 雪

文部省唱歌

弾くときのコツ: 雪が降ってきて楽しくなるような気持ちで、軽やかに弾きましょう。右手は ♪♩ と ♫ のリズムを間違えないように注意して。

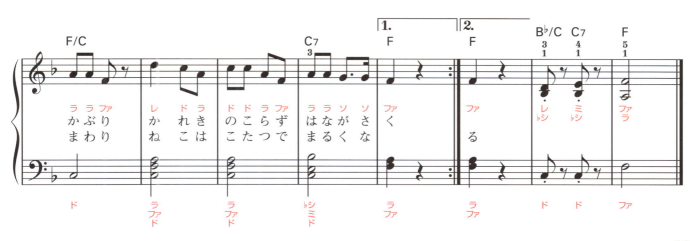

雪 151

豆まき
えほん唱歌

弾くときのコツ: 7～8小節目は、「ぱらっぱらっ」と豆をまく音のようなイメージで、スタッカートを意識してかわいらしく。最後の小節の装飾音は軽いタッチで弾きましょう。

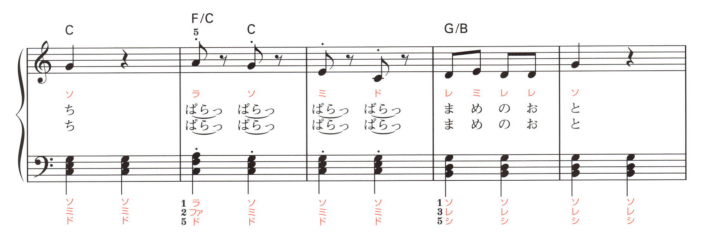
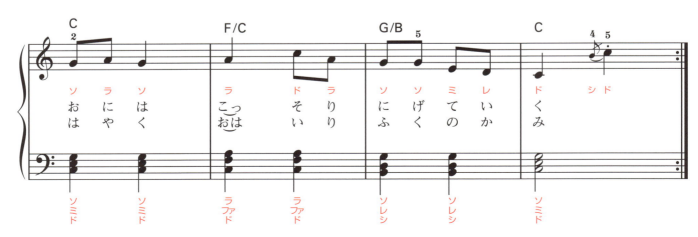

2月 こんこんクシャンのうた

作詞：香山美子　作曲：湯山 昭

13小節目からの「♪ちいさいちいさい…」の部分は、子どもたちが音程をうまくとれるように正確に弾きましょう。21小節目は、1拍目が遅れずに入れるようにします。

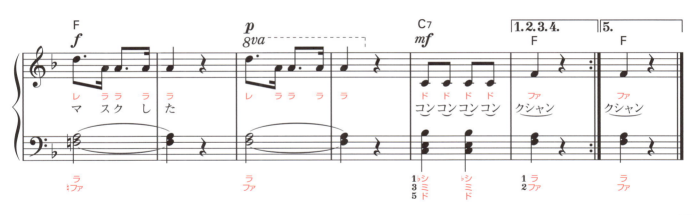

こんこんクシャンのうた　153

2月 ゆきのぺんきやさん

作詞：則武昭彦　作曲：安藤　孝

「♪ペンキやさん」などに出てくる ♫ のリズムは転がらないように気を付けて。「♪ちらちら」の左手は右手のメロディーに寄り添うように演奏するとよいでしょう。

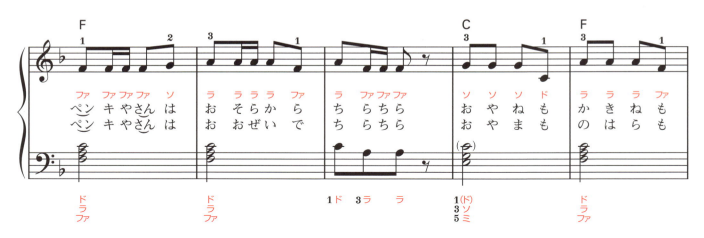

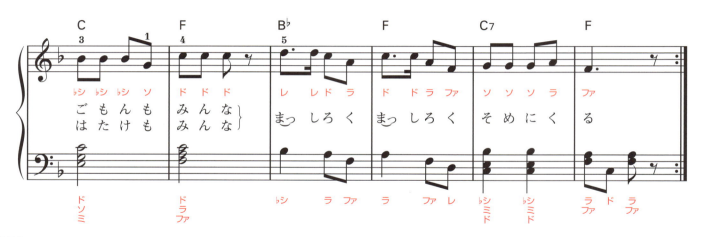

おにのパンツ

作詞：不詳　作曲：L・デンツァ

弾くときのコツ 4分音符と8分音符のリズム（♩♪）がたくさん出てきます。転がりすぎないように適度に弾んで弾けるようにしましょう。最後は盛り上がって。

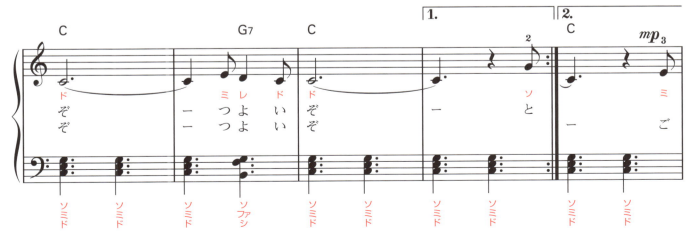

おにのパンツ　155

156　おにのパンツ

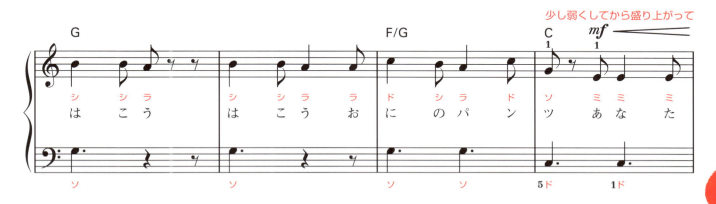

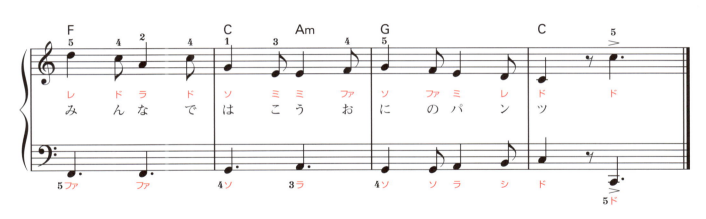

おにのパンツ 157

ゆげのあさ

作詞：まど・みちお　作曲：宇賀神光利

寒い朝、息が白くなる様を汽車の煙に見立てて、かわいらしく表現した歌です。前奏・間奏・後奏の右手は、親指の音を2小節間押さえたままで、優しく旋律を弾きましょう。

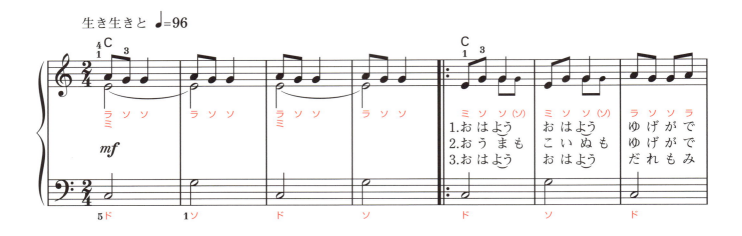

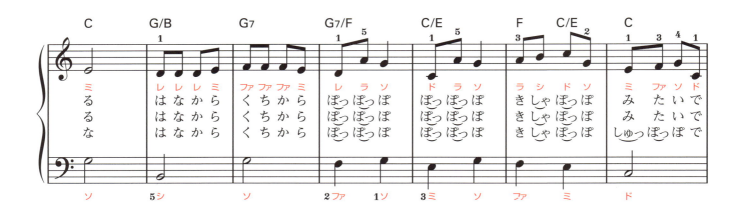

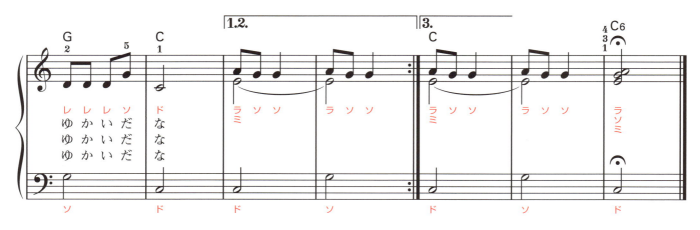

2月 春よ来い

作詞：相馬御風　作曲：弘田龍太郎

 前奏・後奏の右手は、指番号に気を付けて流れるように弾きましょう。左手は、右手に寄り添うように演奏してください。

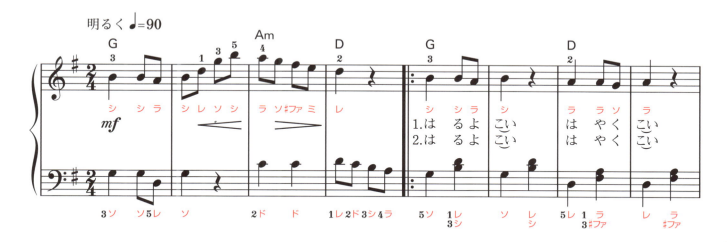

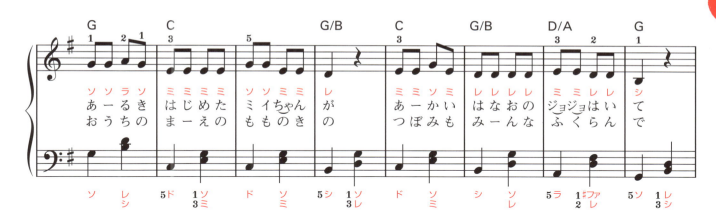

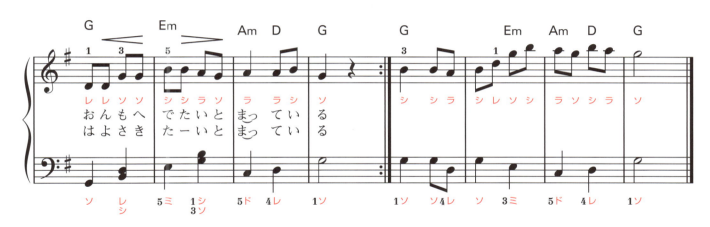

2月 おおさむこさむ

わらべうた

 左手は2種類の和音をなめらかに演奏できるように心がけましょう。右手は16分音符や ♫ のリズムが遅れないよう、軽やかに弾きます。

3月 春が来た

作詞：髙野辰之　作曲：岡野貞一

弾くときのコツ　春になって暖かくなり、草花も生き物たちも生き生きとしている様子をイメージして、表情豊かに弾きましょう。右手はやや音が跳躍するところもあるので気を付けて。

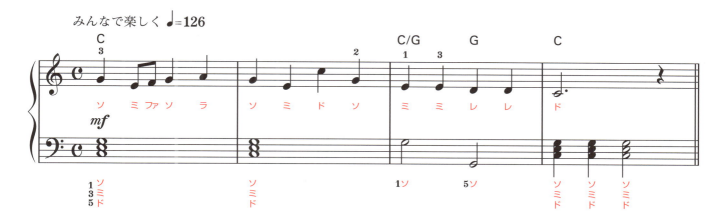

春が来た　161

3月 ありがとうの花

作詞・作曲：坂田おさむ　編曲：池 毅

弾くときのコツ　16分音符のリズムが詰まらないよう一音一音ていねいに、左手の和音は軽やかに。「ありがとう」の気持ちがさわやかに伝わるように、晴れやかな気持ちを込めて弾きましょう。

162　ありがとうの花

© 2009 by NHK Publishing, Inc.

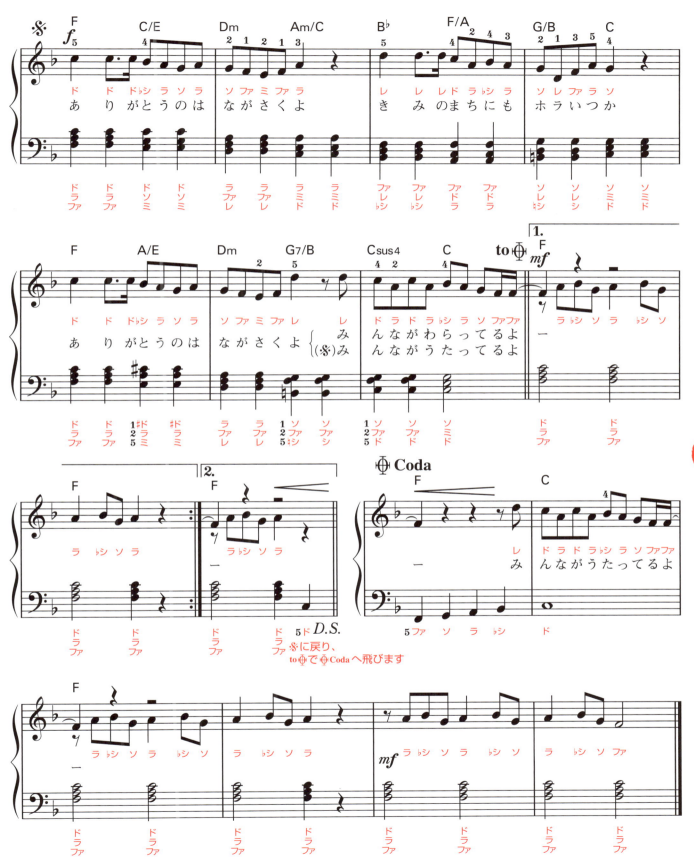

3月 春がきたんだ

作詞：ともろぎゆきお　作曲：峯 陽

弾くときのコツ　右手の ♪♪ と ♪♪ のリズムは転がらないように気を付けましょう。左手の4分音符は、しっかりと刻みましょう。

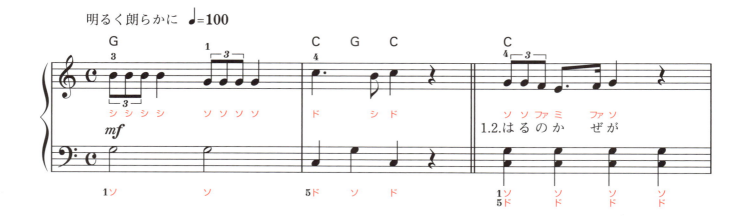

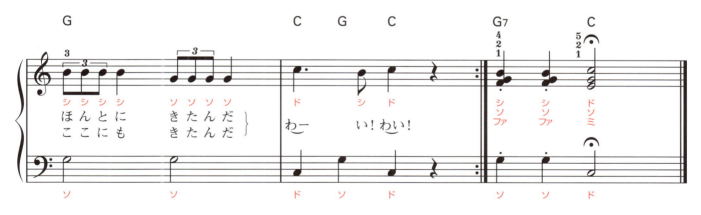

春がきたんだ 165

うれしいひなまつり

3月

作詞：サトウハチロー　作曲：河村光陽

弾くときのコツ　ひな祭りの情景を思い浮かべながら、前奏は琴の音をイメージして。この前奏は、2番と3番の間に間奏として、もう一度弾いてもよいでしょう。

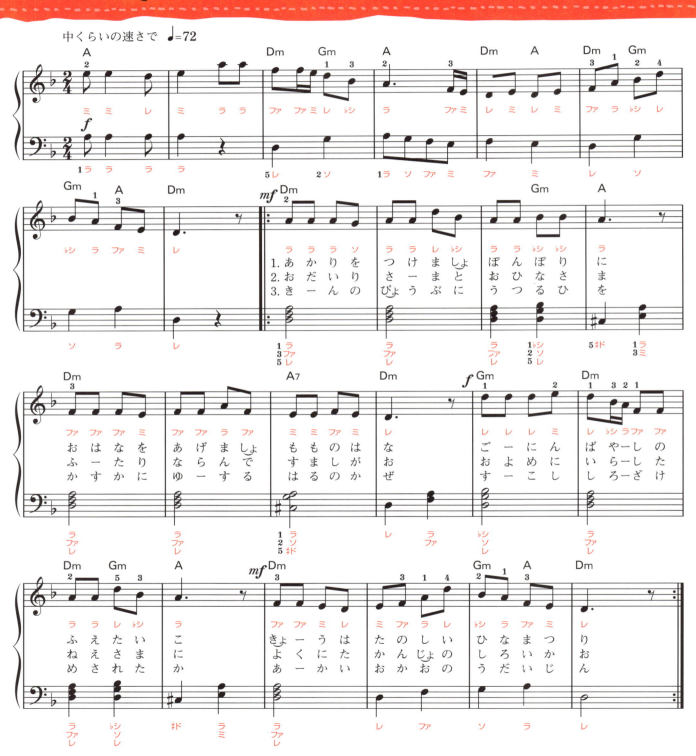

3月 世界中のこどもたちが

作詞：新沢としひこ　作曲：中川ひろたか

 行進曲ふうに元気よく演奏しましょう。前奏は、4分音符とタイでつながった♫のリズムを正確に。「♪ひろげよう…」の部分は優しい気持ちでなめらかに弾くとよいでしょう。

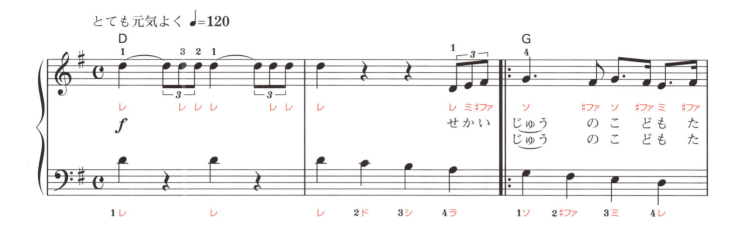

©1989 by CRAYONHOUSE CULTURE INSTITUTE

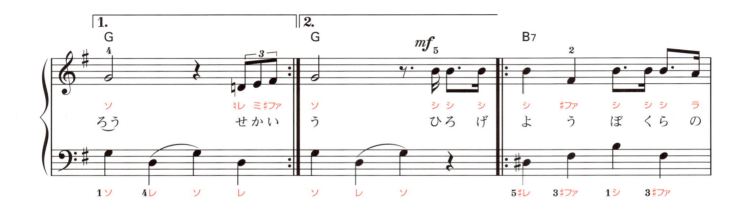
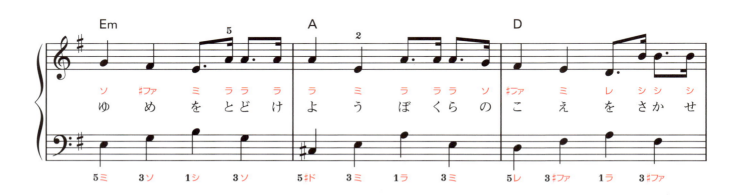

168　世界中のこどもたちが

世界中のこどもたちが

Believe (ビリーブ)

3月

作詞・作曲：杉本竜一

弾くときのコツ　全体的に、語りかけるように気持ちを込めて。2番カッコ以降は盛り上がりましょう。間奏を演奏する場合、速くならないようにテンポ通りを心がけてください。

170　Believe (ビリーブ)　　　　　　　　　　　　　　　　　　　　　　©1998 by Sound Project K.K.

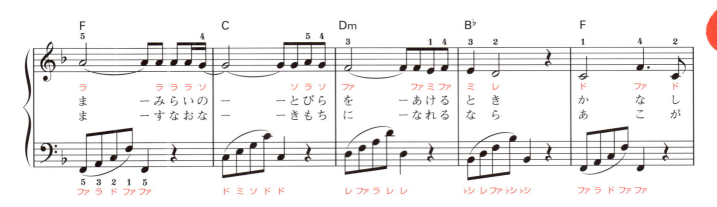
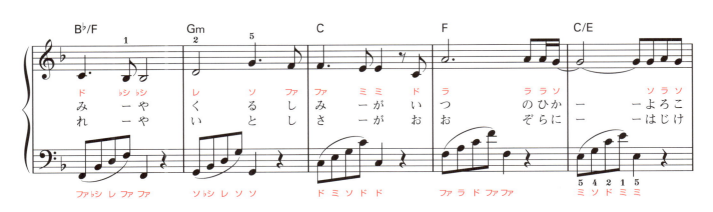

Believe (ビリーブ)

3月 さよならぼくたちのほいくえん（ようちえん）

作詞：新沢としひこ　作曲：島筒英夫

 左手の8分音符の分散和音は、なめらかに流れるように弾きます。右手のメロディーに出てくる16分音符のリズムは、休符に気を付けて自然に演奏しましょう。

©1996 by ASK MUSIC Co.,Ltd.

3月 ドキドキドン！一年生

作詞：伊藤アキラ　作曲：櫻井　順

弾くときのコツ　前奏・後奏はスタッカートやアクセントを意識して、歯切れよく弾きます。全体を通して元気よく、特に19小節目からのサビに向かって盛り上げていきましょう。

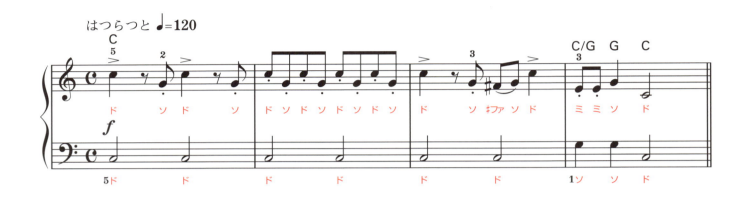

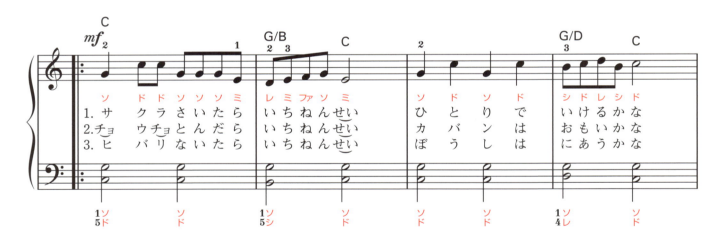

© 1986 by FUJIPACIFIC MUSIC INC.

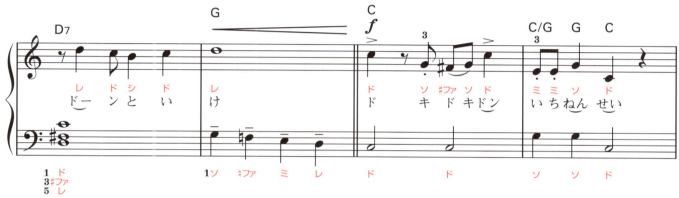

ドキドキドン！一年生

3月 一年生になったら

作詞：まど・みちお　作曲：山本直純

弾くときのコツ　元気よく、生き生きと弾きましょう。前奏や10小節目の左手に出てくる4拍目のスラーは、次の小節の1拍目につなげて演奏するように心がけます。

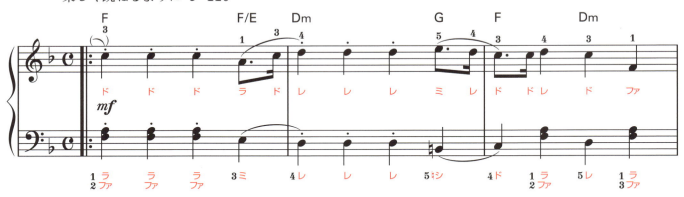

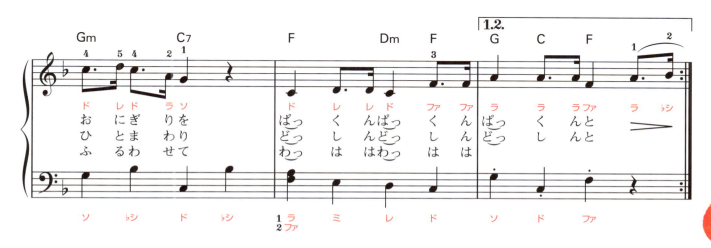

一年生になったら

3月 思い出のアルバム

作詞：増子とし　作曲：本多鉄麿

7番まである長い曲です。間奏が3回出てきますが、1回ごとに表情を変えて演奏できるとよいでしょう。13小節目からは長いクレッシェンドで盛り上げます。

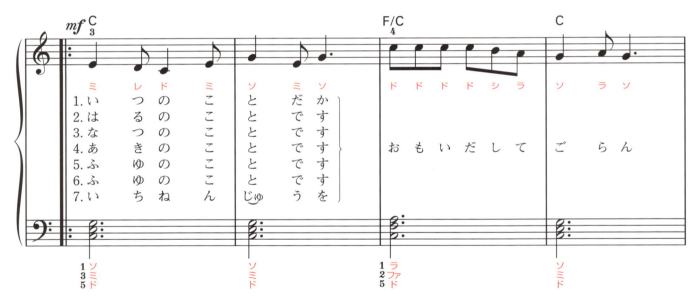

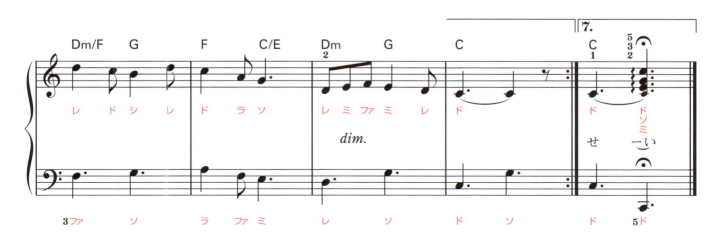

思い出のアルバム

3月 ひらいたひらいた

わらべうた

弾くときのコツ　あまり速すぎないテンポで、一音一音、ていねいに演奏しましょう。マイナーコードが続きますが、最後の小節はドに♯が付きメジャーコードとなります。その響きを味わって。

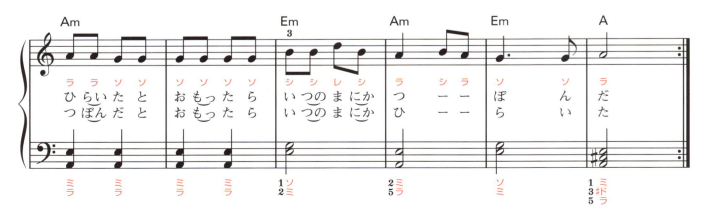

あくしゅでこんにちは

作詞：まど・みちお　作曲：渡辺　茂

 なめらかなメロディーですが、流れすぎないよう、一つひとつの音をはっきり弾いて。小さな子がかわいらしく握手であいさつするイメージで、穏やかな雰囲気で演奏しましょう。

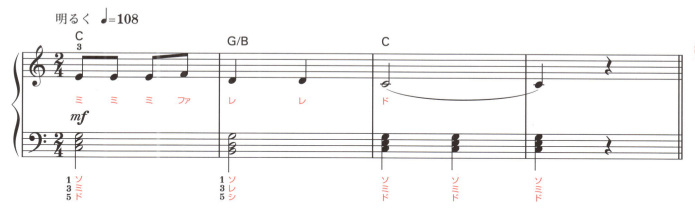

あくしゅでこんにちは　183

ふしぎなポケット

作詞：まど・みちお　作曲：渡辺 茂

 前半はスタッカートを軽やかに、明るい雰囲気でリズミカルに。後半はテンポを落とし、スラーを意識してなめらかに弾きましょう。

おつかいありさん

作詞：関根栄一　作曲：團 伊玖磨

♩のリズムをていねいに歌えるように、速すぎないテンポで演奏します。13〜16小節目は、16分休符やスタッカートを意識して、少しおどけた感じで弾けるとよいでしょう。

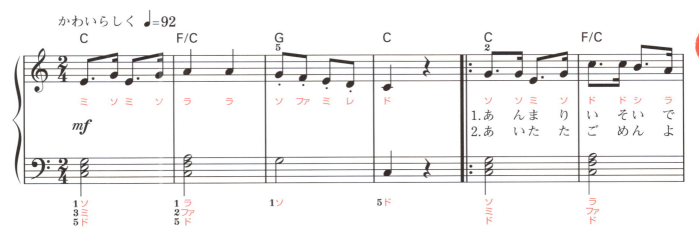

たのしいね

作詞：山内佳鶴子　作曲：寺島尚彦

 明るく楽しい気持ちで弾きます。左手の和音は、4分音符と2分音符のパターンが出てきますが、一定のテンポを保って刻むようにしましょう。

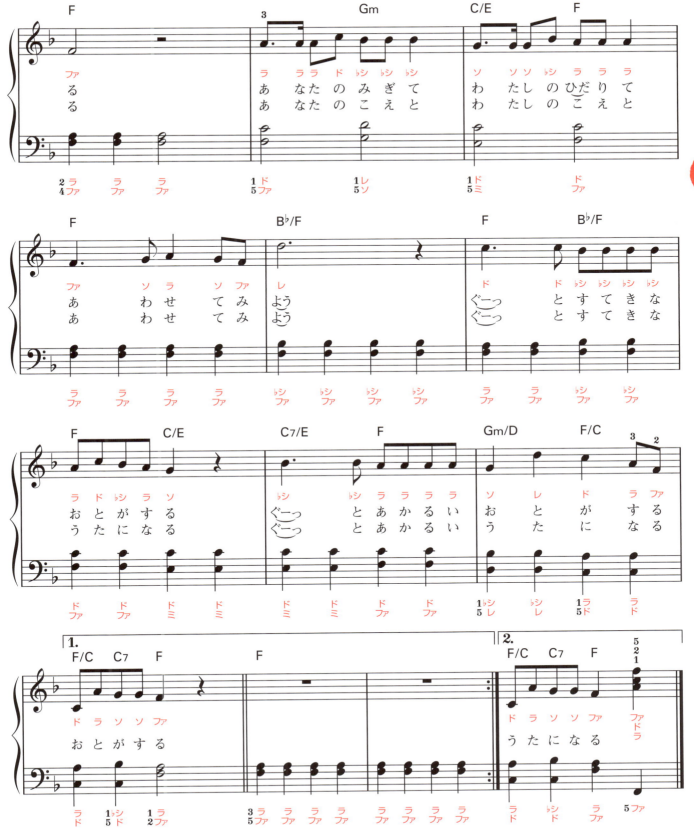

アイ・アイ

作詞：相田裕美　作曲：宇野誠一郎

弾くときのコツ　かわいいおサルさんをイメージしながら、元気よく演奏します。右手の♩の音は1、2拍目のメロディーを繰り返して弾くとよいでしょう。

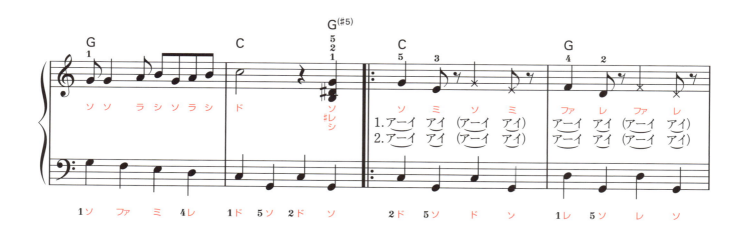
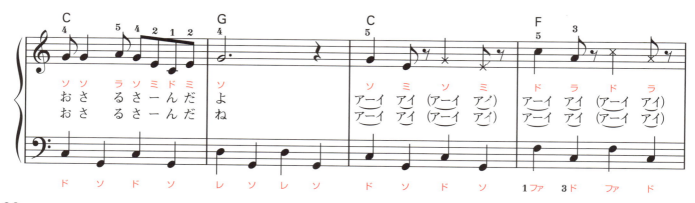

1 ♪ げんこつやまの
たぬきさん

両手をグーにし、右手と左手を上下交互に打ち合わせます。

2 ♪ おっぱいのんで

両手を口元に当てて、おっぱいを飲むまねをします。

3 ♪ ねんねして

両手を合わせて片方のほおに当て、首をかしげて眠るまねをします。

4 ♪ だっこして

両手を体の前で重ね、だっこのまねをします。

5 ♪ おんぶして

両手を背中に回して、おんぶのまねをします。

6 ♪ またあし

両手をグーにし、体の前でグルグル回します。

7 ♪ た

相手とじゃんけんをします。

げんこつやまのたぬきさん 191

おかえりのうた

人気・定番曲

作詞：天野 蝶　作曲：一宮道子

弾くときのコツ　6小節目の左手は、♪♪のリズムが転ばないように気を付けて。後奏は「あしたまた会おうね」という明るい気持ちで、クレシェンドを付けて元気よく弾きましょう。

ぞうさん

作詞：まど・みちお　作曲：團 伊玖磨

 ゾウの親子を思い浮かべながら、優しい気持ちで。前奏の右手は指番号に気を付けて、スラーを意識しながらなめらかに弾きましょう。

ハッピー・バースデー・トゥ・ユー

作詞・作曲：M.J. ヒル & P.S. ヒル

で書かれているので、8分音符はスウィングを付けて演奏しましょう。前半と後半で左手のアレンジが変わりますが、前半だけを繰り返してもかまいません。

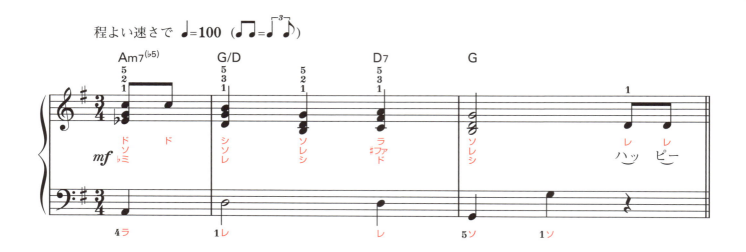

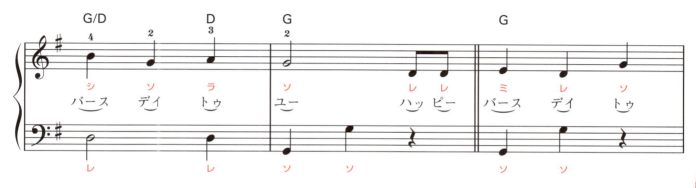

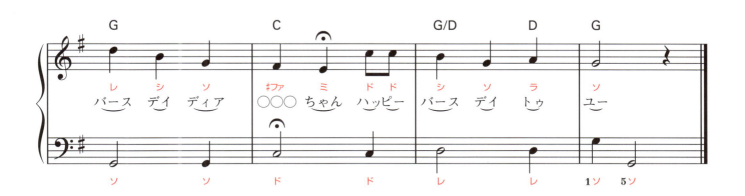

ハッピー・バースデー・トゥ・ユー

むすんでひらいて

作詞：不詳　作曲：J・J・ルソー

弾くときのコツ　左手の和音は柔らかいタッチで。17、18小節目でテンポをゆっくりにし、19小節目からは元のテンポに戻って演奏します。

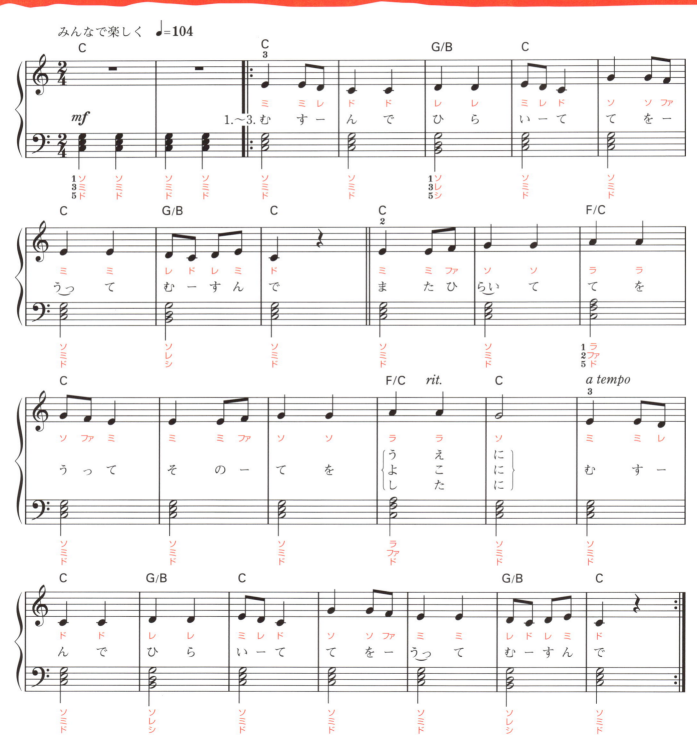

小鳥のうた

作詞：与田準一　作曲：芥川也寸志

3〜6小節目は小鳥がよちよち歩く様子を、7〜9小節目は小鳥の鳴き声を思い浮かべながら、かわいらしく弾きましょう。

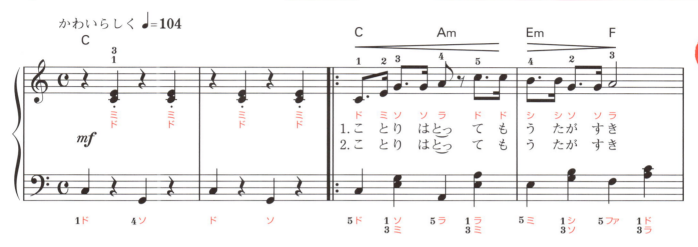

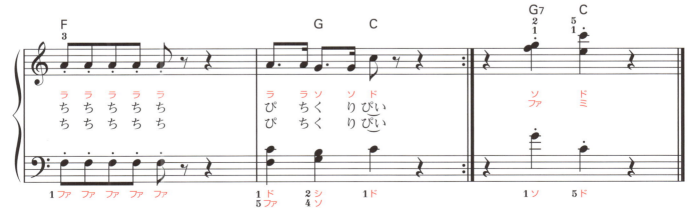

小鳥のうた　197

とんとんとんとんひげじいさん

作詞：不詳　作曲：玉山英光

速すぎないテンポで演奏します。スタッカートは付いていませんが、4分音符は、やや跳ねる感じで弾くとよいでしょう。左手は少し音が跳躍するので気を付けて。

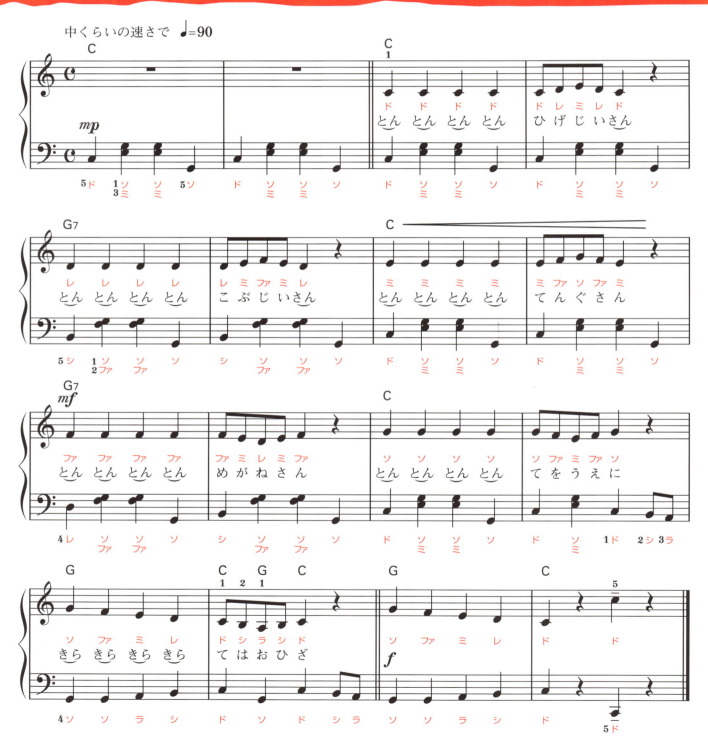

❶ ♪ とんとんとんとん

両手をグーにし、右手と左手を上下交互に打ち合わせます。

❷ ♪ ひげじいさん

グーにした手を縦に重ねてあごの下に当てます。

❸ ♪ とんとんとんとん こぶじいさん

❶を繰り返し、グーにした手を両方のほおに当てます。

❹ ♪ とんとんとんとん てんぐさん

❶を繰り返し、グーにした手を縦に重ねて鼻に当てます。

❺ ♪ とんとんとんとん めがねさん

❶を繰り返し、手で輪を作って両目に当てます。

❻ ♪ とんとんとんとん てをうえに

❶を繰り返し、両手をパーにして上げます。

❼ ♪ きらきらきらきら てはおひざ

両手をヒラヒラと振りながら下ろし、ひざに載せます。

とんとんとんとんひげじいさん　199

パンダうさぎコアラ

作詞：高田ひろお　作曲：乾 裕樹

 前半の♫のリズムと、後半の♫のリズムを軽やかに弾きましょう。♫の同音連打ははっきりと。音符が↓印の箇所は、音程を付けずに歌ってもよいでしょう。

© 1990 by NHK Publishing, Inc. & SHOGAKUKAN Inc.

おててをあらいましょう

作詞・作曲：不詳

 弾くときのコツ ていねいに手を洗えるように、気持ちを込めて。左手は「ドミ」や「シファ」の和音のポジションに慣れて、スムーズに弾きましょう。

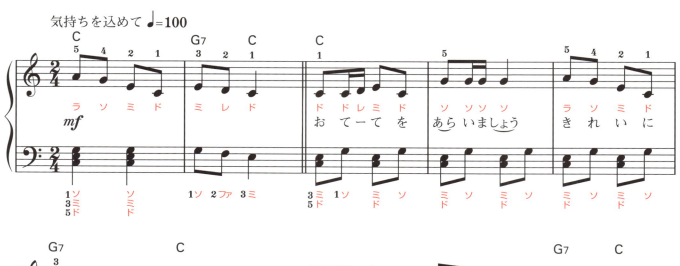

はをみがきましょう

人気・定番曲

作詞・作曲：則武昭彦

♫のリズムを軽やかに弾きましょう。「♪しゅっしゅっしゅっ」の部分は、アクセントを付けてはっきりと。

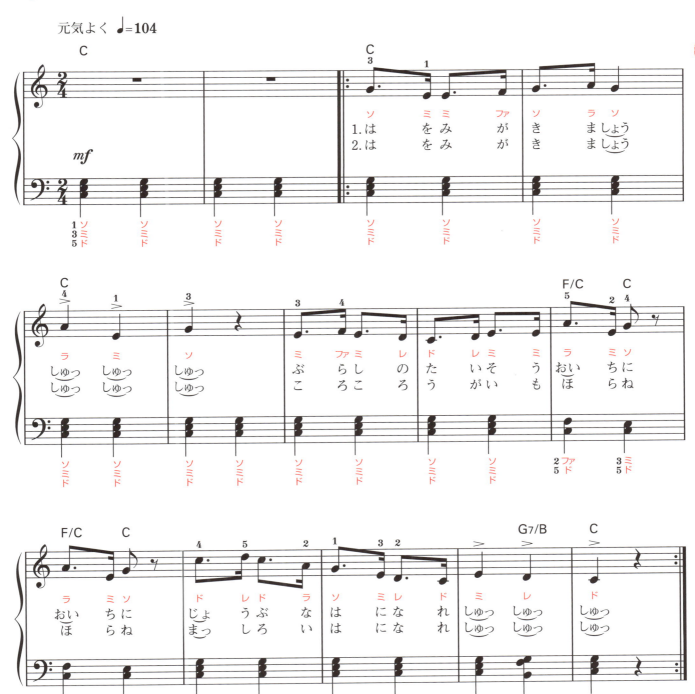

はをみがきましょう　203

アブラハムの子

人気・定番曲

訳詞：加藤孝広　外国曲

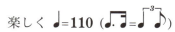

弾くときのコツ　曲中にたくさん出てくる♪♫のリズムは転がりすぎないように気を付けて。繰り返し方に注意して演奏しましょう。

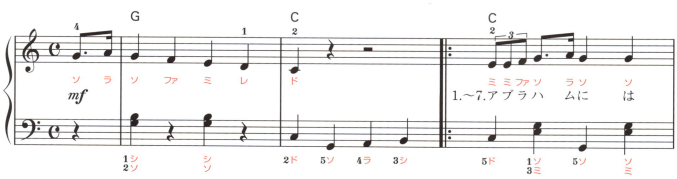

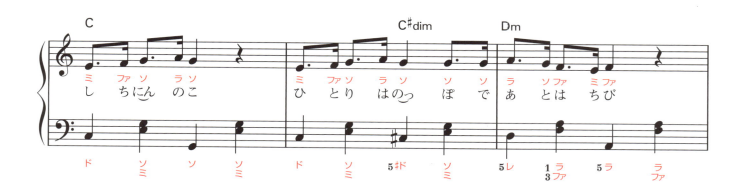

2〜7番カッコ（★）は次のように演奏しましょう

2番カッコ：みぎて　ひだりて
3番カッコ：みぎて　ひだりて　みぎあし
4番カッコ：みぎて　ひだりて　みぎあし　ひだりあし
5番カッコ：みぎて　ひだりて　みぎあし　ひだりあし　あたま
6番カッコ：みぎて　ひだりて　みぎあし　ひだりあし　あたま　おしり
7番カッコ：みぎて　ひだりて　みぎあし　ひだりあし　あたま　おしり　まわって　おしまい

※7番カッコは、to ⊕ で ⊕ Coda へ飛びます

アブラハムの子　205

犬のおまわりさん

作詞：佐藤義美　作曲：大中 恩

弾くときのコツ 前奏・後奏の右手に出てくる同音連打や半音階をなめらかに弾きましょう。イヌやネコの鳴き声のところは、左手の和音が重くならないように軽やかに。

おかたづけ

作詞・作曲：不詳

♫ のリズムを歯切れよく。反復記号は付いていませんが、繰り返してOKです。子どもたちに片づけを急ぐように促すときは、徐々にテンポを上げても楽しいでしょう。

コブタヌキツネコ

作詞・作曲：山本直純

 ♫のリズムを弾むように楽しく弾きましょう。反復記号は付いていませんが、自由に繰り返して演奏してください。繰り返しながら、テンポを上げるのも楽しいです。

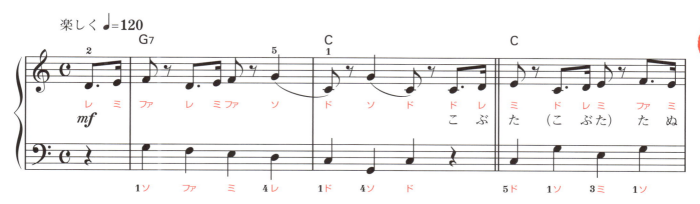

小さな世界

作詞・作曲：R・M・シャーマン、R・B シャーマン　日本語詞：若谷和子

2／2拍子の軽快なテンポで弾きましょう。後半になるにつれて盛り上がり、最後は一番盛り上がって終わりましょう。

IT'S A SMALL WORLD
Words and Music by Richard M.Sherman and Robert B.Sherman
©1963 WONDERLAND MUSIC COMPANY,INC.
Copyright Renewed.
All Rights Reserved.
Print rights for Japan administered by Yamaha Music Entertainment Holdings,Inc.

小さな世界

手をたたきましょう

訳詞：小林純一　チェコスロバキア民謡

スタッカートで弾く部分と、なめらかに弾く部分との違いを付けて演奏しましょう。歌詞が笑い声や泣き声になっている部分は、音程を付けずに歌っても楽しめます。

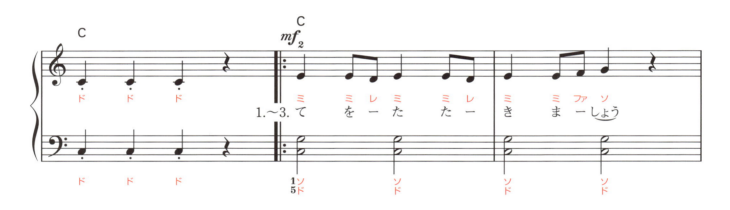

そうだったらいいのにな

作詞：井出隆夫　作曲：福田和禾子

弾くときのコツ　「♪そうだったら」の前の付点8分休符が難しいので、子どもが歌いやすいように、その小節の1拍目（5小節目の左手「ド」など）は、特に明確に弾きましょう。

一週間

人気・定番曲

訳詞：楽団カチューシャ　ロシア民謡

弾くときのコツ：左手は軽いタッチでリズムに乗って拍を刻み、右手は楽しく踊るような雰囲気で演奏するとよいでしょう。

クラリネットをこわしちゃった

訳詞：石井好子　フランス民謡

2拍子に乗って、軽快な速さで、楽しく演奏しましょう。前奏や「♪どうしよう」などは、メロディーラインやベースラインの流れを感じながら、おどけた雰囲気で弾くと◎。

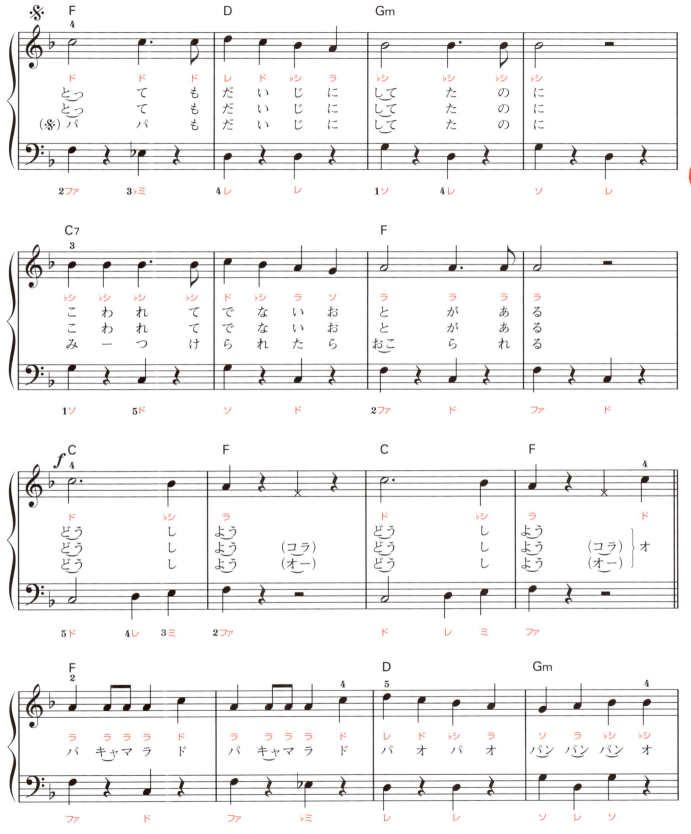

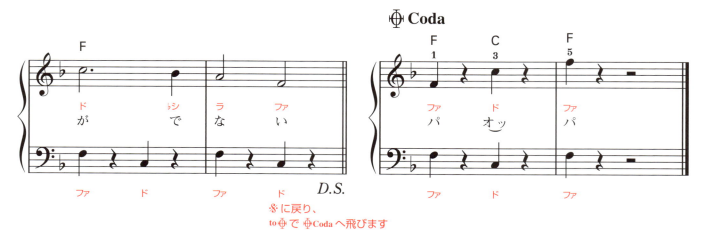

218　クラリネットをこわしちゃった

ゆりかごのうた

作詞：北原白秋　作曲：草川　信

 優しく揺れるゆりかごの様子が感じられるよう、穏やかな気持ちでゆったりと、なめらかに演奏しましょう。

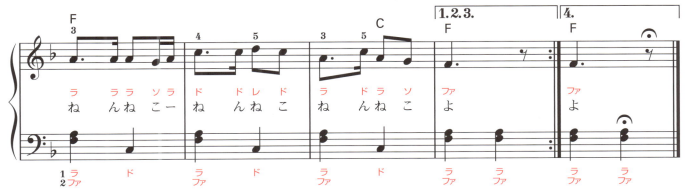

ゆりかごのうた　219

グーチョキパーでなにつくろう

訳詞：不詳　フランス民謡

　「♪グーチョキパー」のジェスチャーをする部分などは、子どもたちが動作をしやすいテンポを意識して弾くとよいでしょう。

〈1番〜3番〉

1 🎵 グーチョキパーで グーチョキパーで

歌詞に合わせて、両手を順番にグー、チョキ、パーにして出します。

2 🎵 なにつくろう なにつくろう

両手を腰に当て、左右に揺れます。

〈1番〉

3 🎵 みぎてがチョキで

右手をチョキにして出します。

4 🎵 ひだりてもチョキで

左手もチョキにして出します。

5 🎵 かにさん かにさん

両手をチョキにしたまま、顔の横で左右に揺らします。

〈2番〉

3 🎵 みぎてがパーで

右手をパーにして出します。

4 🎵 ひだりてもパーで

左手もパーにして出します。

5 🎵 ちょうちょ ちょうちょ

両手の親指をくっ付けて、ひらひらと動かします。

〈3番〉

3 🎵 みぎてがチョキで

右手をチョキにして出します。

4 🎵 ひだりてがグーで

左手をグーにして出します。

5 🎵 かたつむり かたつむり

チョキにした手にグーの手をのせます。

グーチョキパーでなにつくろう

鳩

文部省唱歌

 かわいらしい雰囲気が出るように、「♪ぽっぽっぽ」などのメロディーは、一つひとつの音を切るように弾くとよいでしょう。

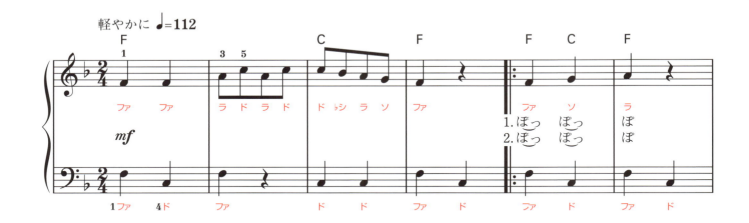

赤い鳥小鳥

作詞：北原白秋　作曲：成田為三

ゆったりとしたテンポを保って弾きましょう。♪♪のリズムなども焦らず、優しい音色を心がけて。1、7小節目の右手は音がやや離れているので気を付けましょう。

勇気100%

作詞：松井五郎　作曲：馬飼野康二

繰り返し方が複雑なので注意して。1番→「 D.S.① 」→「 ※①(2番) 」→「 to ⊕① 」→
「 ⊕Coda① 」→「 D.S.② 」→「 ※② 」→「 to ⊕② 」→「 ⊕Coda② 」の順です。

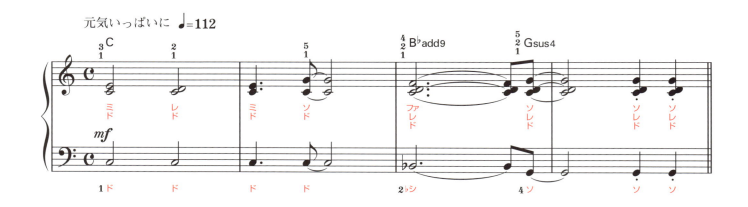

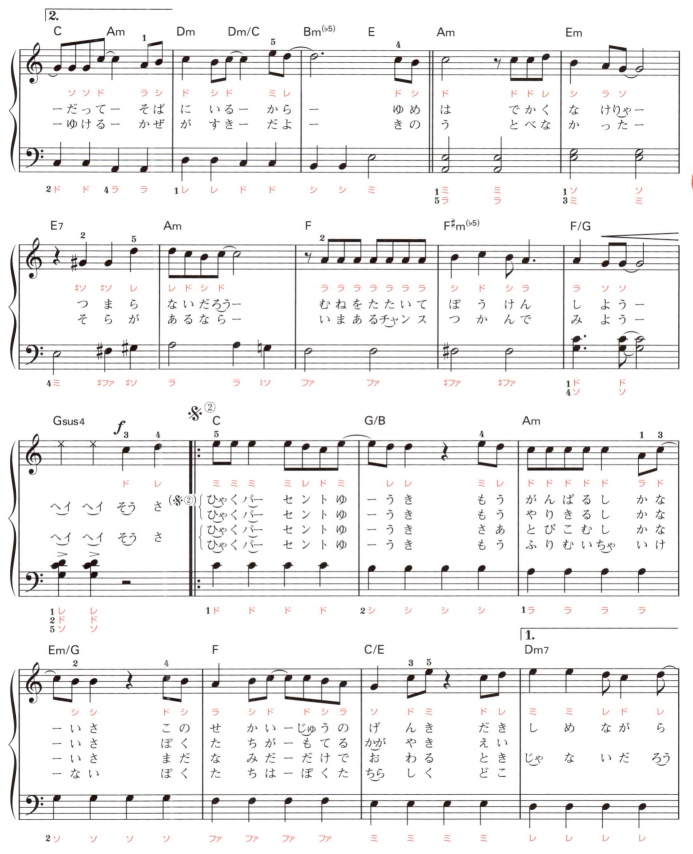

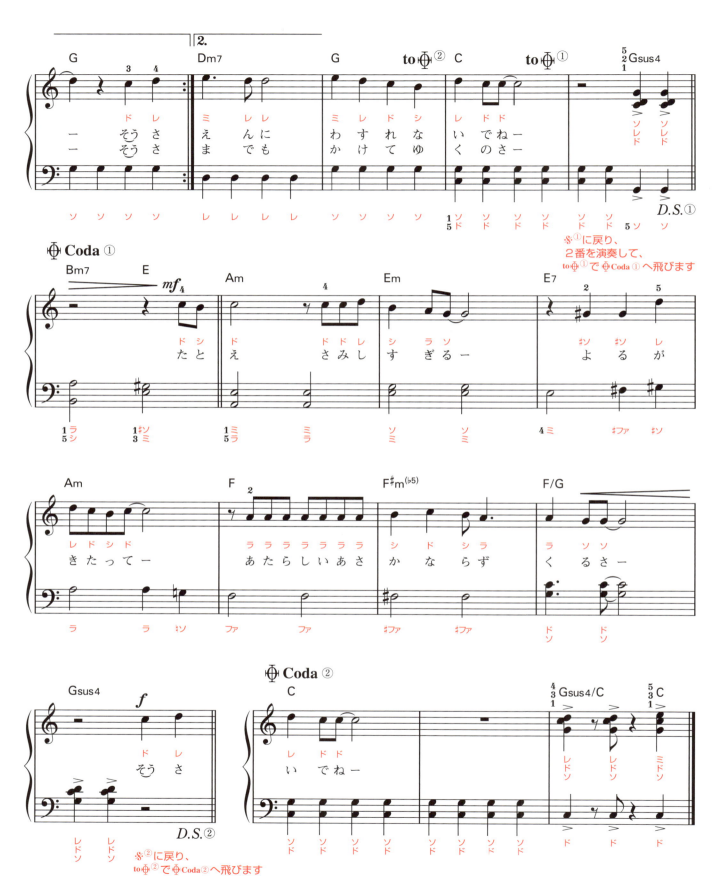

あぶくたった

わらべうた

 日本で古くから親しまれているわらべうたです。2種類のコードだけのシンプルな伴奏ですが、速すぎないテンポで、素朴な雰囲気を心がけて弾きましょう。

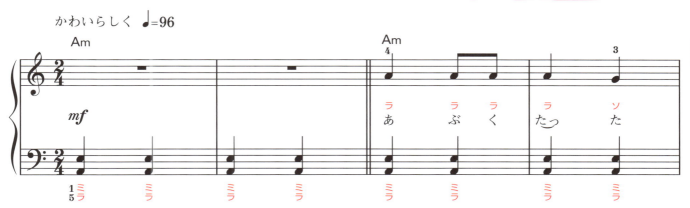

世界に一つだけの花

作詞・作曲：槇原敬之

 右手には同音連打が多く出てくるので、リズムが詰まってしまわないようにしましょう。
反復記号をよく確認して繰り返し方に気を付けて。

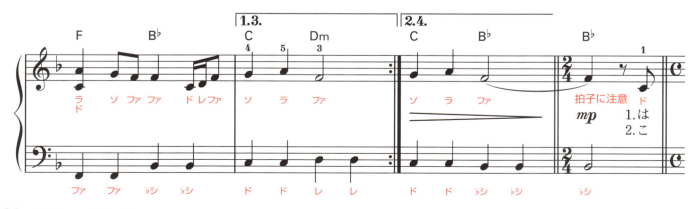

©2002 by JOHNNY COMPANY

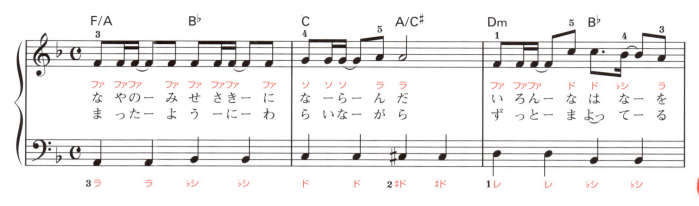

世界に一つだけの花

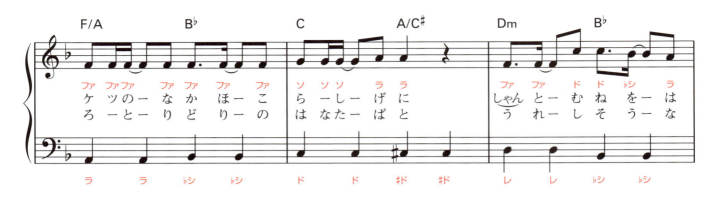

230 世界に一つだけの花

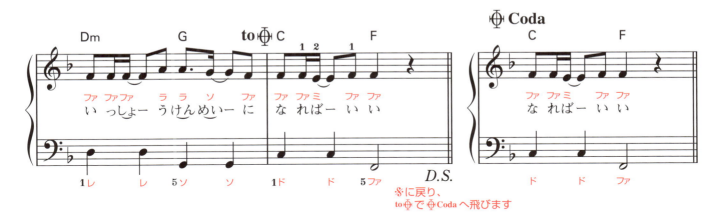

世界に一つだけの花

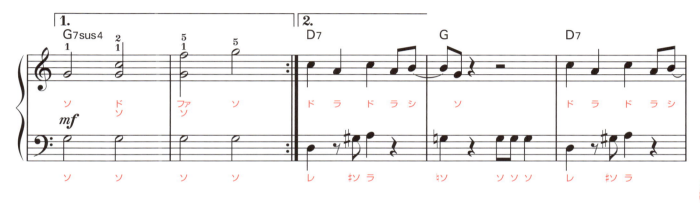

勇気りんりん

花は咲く

人気・定番曲

作詞：岩井俊二　作曲：菅野よう子

 弾くときのコツ

音域が広いので、子どもたちが歌いやすいように特にメロディーははっきりと弾きましょう。右手の指番号に気を付けてなめらかに。

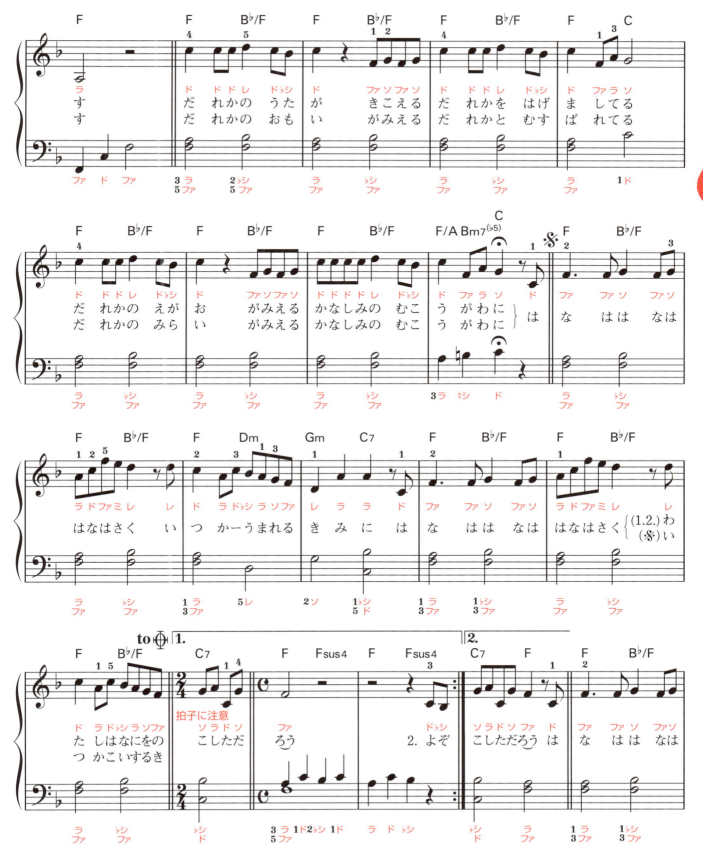

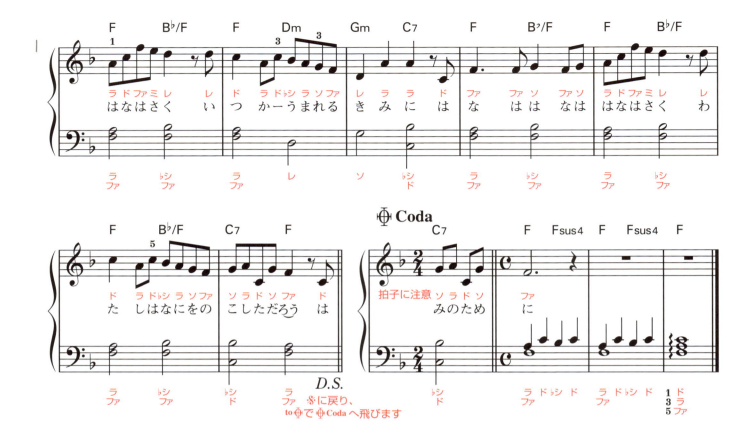

花は咲く

作詞：岩井俊二　作曲：菅野よう子

1. 真っ白な 雪道に 春風香る
   わたしは なつかしい
   あの街を 思い出す

   叶えたい 夢もあった
   変わりたい 自分もいた
   今はただ なつかしい
   あの人を 思い出す

   誰かの歌が 聞こえる
   誰かを励ましてる
   誰かの笑顔が 見える
   悲しみの向こう側に

   花は 花は 花は咲く
   いつか生まれる 君に
   花は 花は 花は咲く
   わたしは何を 残しただろう

2. 夜空の 向こうの 朝の気配に
   わたしは なつかしい
   あの日々を 思い出す

   傷ついて 傷つけて
   報われず 泣いたりして
   今はただ 愛おしい
   あの人を 思い出す

   誰かの想いが 見える
   誰かと結ばれてる
   誰かの未来が 見える
   悲しみの向こう側に

花は 花は 花は咲く
いつか生まれる 君に
花は 花は 花は咲く
わたしは何を 残しただろう

いつか生まれる 君に
花は 花は 花は咲く
わたしは何を 残しただろう

花は 花は 花は咲く
いつか生まれる 君に
花は 花は 花は咲く
いつか恋する 君のために

※「花は咲く」は東日本大震災の復興支援ソングとして作られました。
　制作者の思いを伝えるため、歌詞を改めて記載します。

桃太郎

作詞：不詳　作曲：岡野貞一

 2拍子に乗って、歯切れよく元気いっぱいに弾きましょう。鬼退治に向かう桃太郎たちの様子を思い浮かべながら演奏します。

ずいずいずっころばし

わらべうた

 右手の16分音符が転ばないよう注意して、リズミカルに弾きましょう。左手は前半と後半でパターンが変わりますが、ともに重くならないようテンポよく。

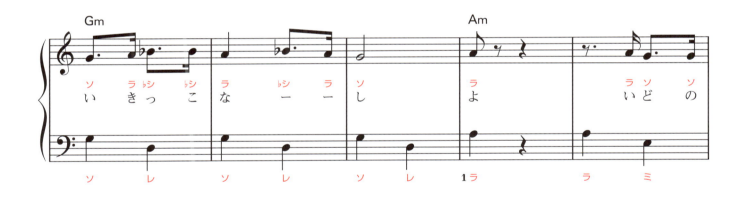

ずいずいずっころばし

アルプス一万尺

作詞：不詳　アメリカ民謡

弾くときのコツ　メロディーは愉快に歯切れよく弾いて。2人1組で手遊びをしながら歌い、慣れてきたら速いテンポにも挑戦しましょう。

1 ♪ ア

手を1回たたきます。

2 ♪ ル

お互いの右手をたたきます。

3 ♪ プ

手を1回たたきます。

4 ♪ ス

お互いの左手をたたきます。

5 ♪ いち

手を1回たたきます。

6 ♪ まん

お互いの両手を合わせます。

7 ♪ じゃ

手を1回たたきます。

8 ♪ く

両手の指を組んで、お互いの手のひらを合わせます。

9 ♪ こや

手を2回たたきます。

10 ♪ り

右ひじを立てて、左手を右ひじに当てます。

11 ♪ の

10と反対側の手で同じようにします。

12 ♪ う

両手を腰に当てます。

13 ♪ えで

右手を曲げて左ひじに当て、左手は前に伸ばし相手の右ひじに当てます。

14 ♪ アルペンおどりを〜 〜ランラン

1〜**13**を繰り返します。

15 ♪ ヘイ！

お互いの両手を上で合わせます。

アルプス一万尺

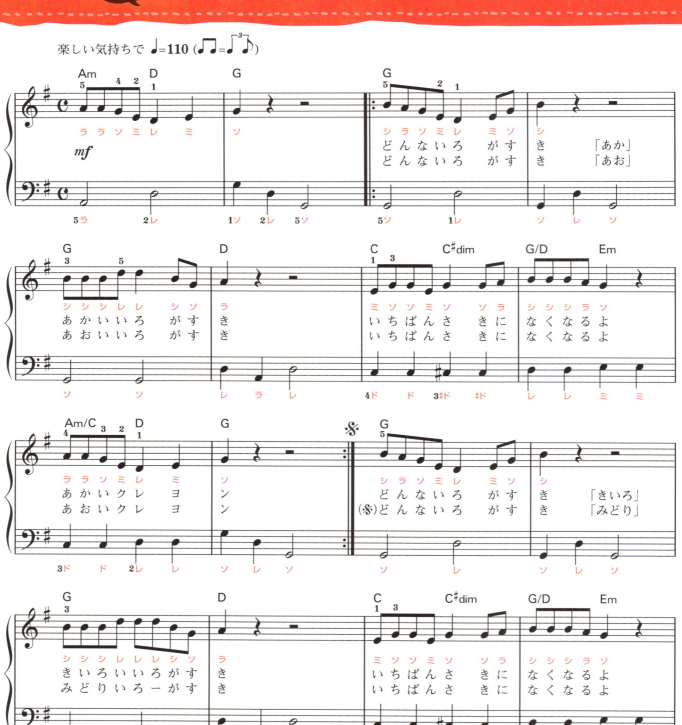

たいせつなたからもの

作詞・作曲：新沢としひこ

きれいなハーモニーを素直に感じながら、優しい気持ちで演奏します。右手の同音連打はうるさくならないよう、左手もなめらかに弾きましょう。

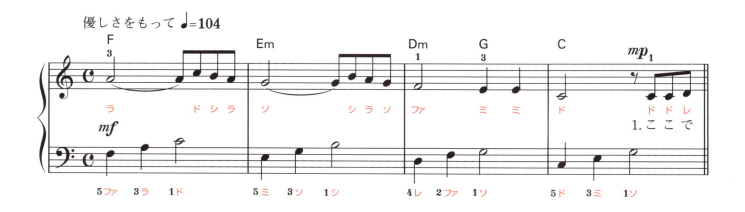

©2003 by ASK MUSIC Co.,Ltd.

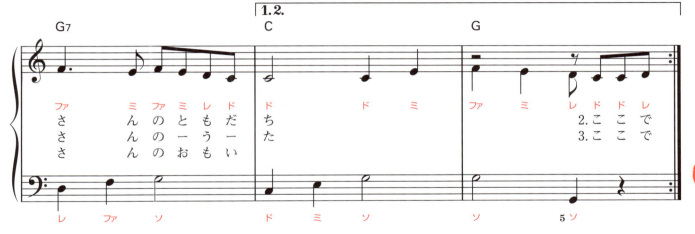

たいせつなたからもの

うさぎとかめ

人気・定番曲

作詞：石原和三郎　作曲：納所弁次郎

弾くときのコツ　付点（♪）の軽快なリズムに乗って楽しく演奏しましょう。うさぎとかめのせりふが出てくるので、2つのグループに分かれて歌っても。

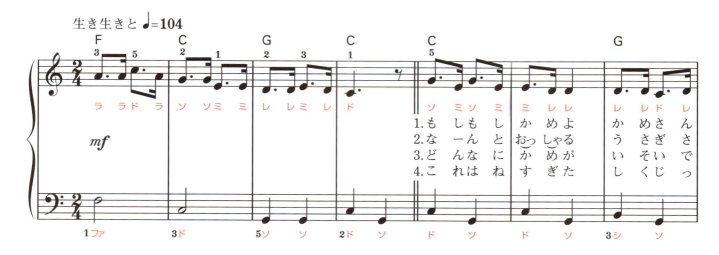

ごんべさんのあかちゃん

作詞：不詳　アメリカ民謡

 ♩のリズムは、転びやすいので気を付けましょう。3、7小節目の「♪あかちゃんが」は右手の指づかいに注意して。何回か繰り返し、速度を変えてもOKです。

ごんべさんのあかちゃん　249

浦島太郎

人気・定番曲

文部省唱歌

弾くときのコツ: 前奏は強弱を付けて表情豊かに弾きましょう。のリズムがたくさん出てきますが、楽しく跳ねるように演奏します。

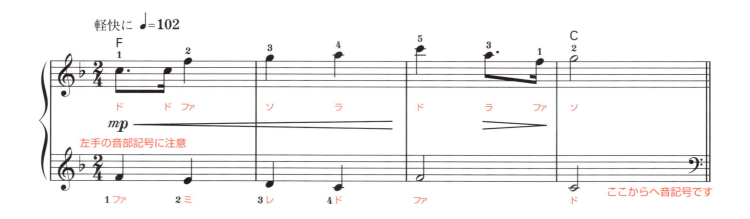

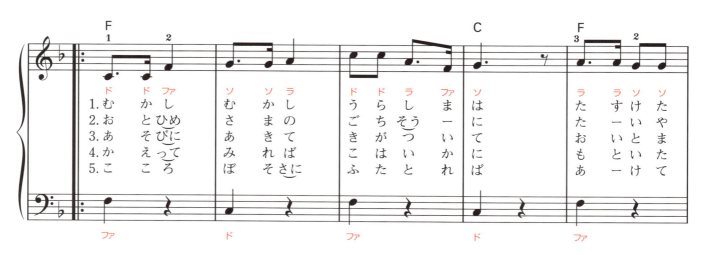

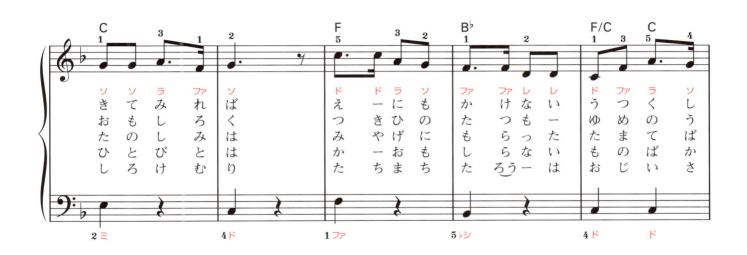
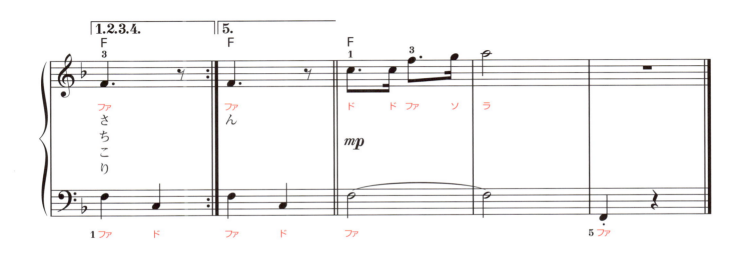

浦島太郎

あがりめさがりめ

人気・定番曲

わらべうた

 弾くときのコツ　指定のテンポはあくまで目安です。子どもたちが歌いやすい速さ、動作をしやすい速さで弾きましょう。

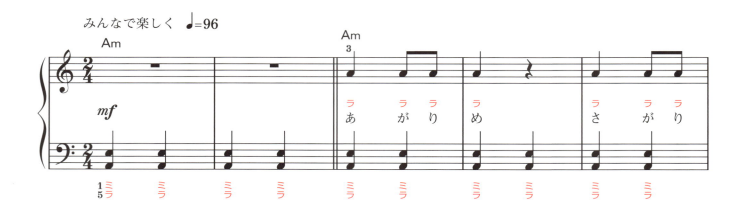

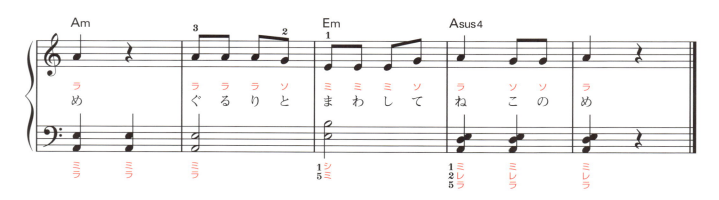

1 ♪ あがりめ

子どもの目を保育者が人差し指でつり上げます。

2 ♪ さがりめ

目を下げます。

3 ♪ ぐるりとまわして

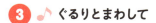

目のふちに丸く円をかきます。

4 ♪ ねこのめ

目を両端にひっぱります。

おはなしゆびさん

作詞：香山美子　作曲：湯山　昭

 弾くときのコツ

♫のリズムはよく跳ねて。1～2小節目は、右手だけで弾くのが難しい場合、低い「ド」の音を左手で弾いてもかまいません。「♪おはなし　する」は休符を感じてリズミカルに。

おはなしゆびさん　253

森のくまさん

訳詞：馬場祥弘　アメリカ民謡

5番まで物語のように歌詞が続いていきます。伴奏も、1回ごとに違った表情で弾けるとよいでしょう。最後から5小節目の右手の「ラ」の音が跳躍するので気を付けて。

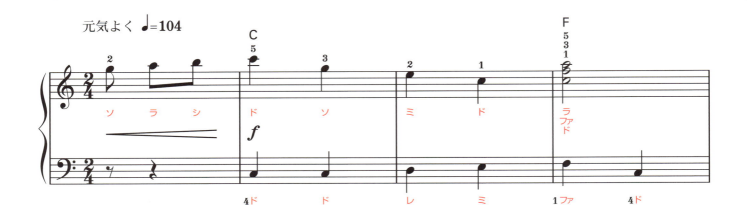

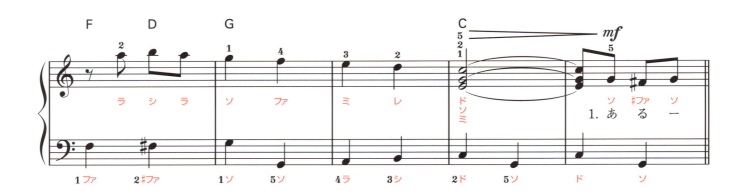

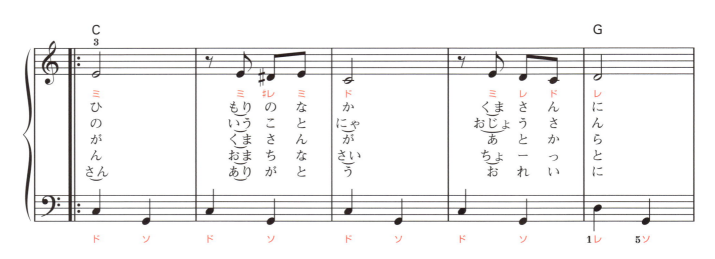

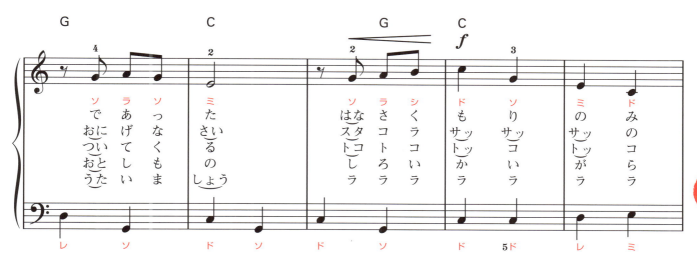

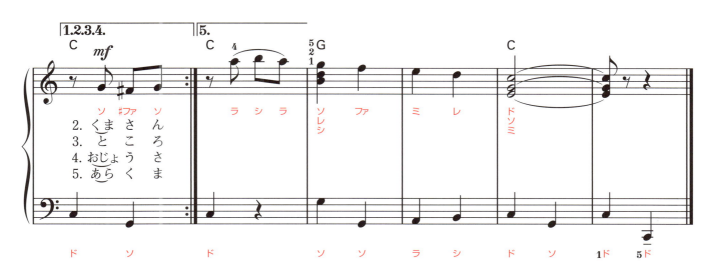

森のくまさん

🎵 編曲
安藤真裕子（あんどうまゆこ）
東京芸術大学音楽学部楽理科卒業。
主に歌曲やマンドリンを中心とした室内楽の作・編曲を行っており、作品は国内外で演奏されている。2008年には校歌のピアノアレンジを手がけ、好評を博す。その他の作品・活動については http://mashroomlady.music-tbox.com/ を参照。

🎵 編曲
泉まりこ（いずみまりこ）
東京芸術大学音楽学部作曲科卒業。
2006年に丸ビル・イメージミュージック「ファンファーレ in 丸の内」を手がけ、2007年に信州国際音楽村にてニューアーティスト・シリーズに参加。作曲家・佐橋俊彦のもとでのアシスタントを経て、作・編曲活動を行っている。

STAFF
カバーデザイン♪コダイラタカコ
カバーイラスト♪上原ユミ
本文デザイン・DTP♪谷由紀恵、高橋真紀
本文イラスト♪みやれいこ
楽譜浄書♪株式会社クラフトーン
編集協力♪株式会社スリーシーズン、齋藤のぞみ
編集担当♪田丸智子（ナツメ出版企画株式会社）

本書に関するお問い合わせは、書名・発行日・該当ページを明記の上、下記のいずれかの方法にてお送りください。電話でのお問い合わせはお受けしておりません。
・ナツメ社webサイトの問い合わせフォーム
　https://www.natsume.co.jp/contact
・FAX（03-3291-1305）
・郵送（下記、ナツメ出版企画株式会社宛て）
なお、回答までに日にちをいただく場合があります。正誤のお問い合わせ以外の書籍内容に関する解説・個別の相談は行っておりません。あらかじめご了承ください。

シンプル！簡単！
すぐに弾ける 保育のうた12か月

2019年7月1日　初版発行
2025年5月1日　第13刷発行

編　曲　安藤真裕子　　　　　　　　　　　Ando Mayuko,2019
　　　　泉まりこ　　　　　　　　　　　　Izumi Mariko,2019
発行者　田村正隆
発行所　株式会社ナツメ社
　　　　東京都千代田区神田神保町1-52　ナツメ社ビル1F（〒101-0051）
　　　　電話 03-3291-1257（代表）　FAX 03-3291-5761
　　　　振替 00130-1-58661
制　作　ナツメ出版企画株式会社
　　　　東京都千代田区神田神保町1-52　ナツメ社ビル3F（〒101-0051）
　　　　電話 03-3295-3921（代表）
印刷所　TOPPANクロレ株式会社

ISBN978-4-8163-6661-1　　　　　　　　　　　　　Printed in Japan
＜定価はカバーに表示してあります＞＜乱丁・落丁本はお取り替えします＞
本書の一部または全部を著作権法で定められている範囲を超え、ナツメ出版企画株式会社に無断で複写、複製、転載、データファイル化することを禁じます。
JASRAC 出 1904879-513

ナツメ社Webサイト
https://www.natsume.co.jp
書籍の最新情報（正誤情報を含む）はナツメ社Webサイトをご覧ください。